HEJ. MINIMODE

Süße Puppenkleidung nähen

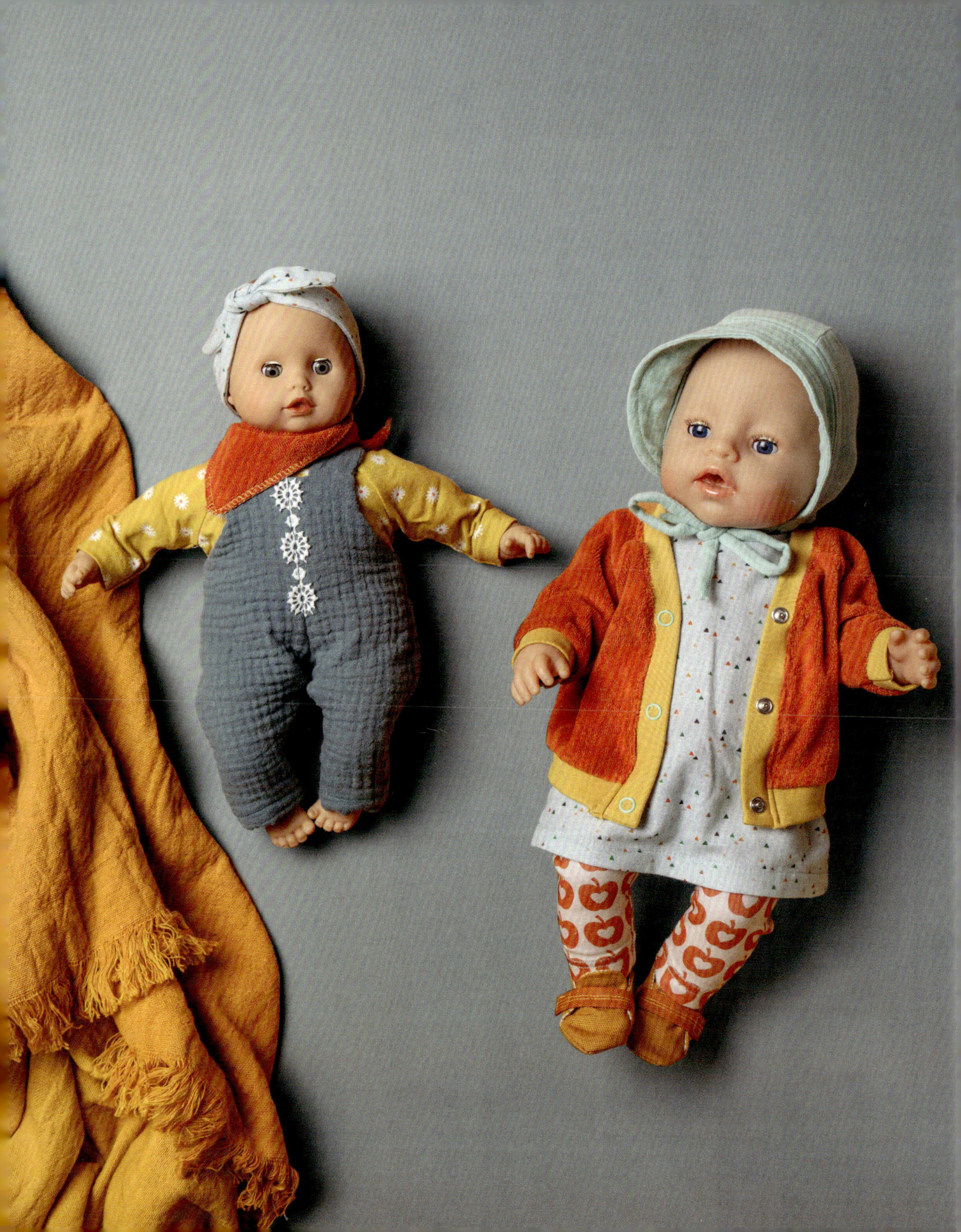

Svenja Morbach

HEJ.

MINIMODE

Süße Puppenkleidung nähen

Für Puppengrößen **32 cm bis 47 cm** mit Schnittmusterbogen

EMF

EIN BUCH DER
EDITION MICHAEL FISCHER

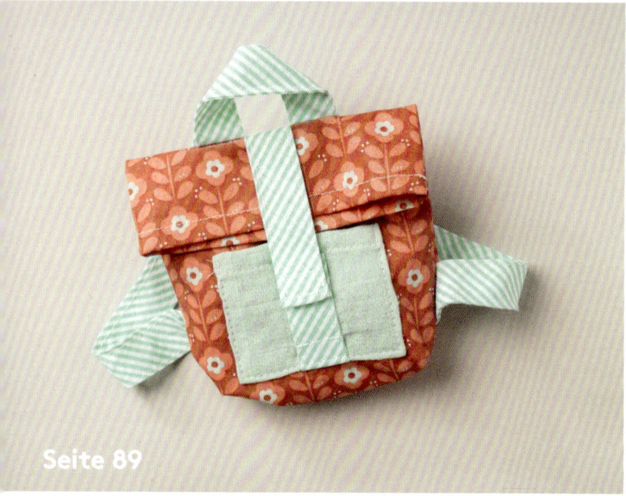
Seite 89

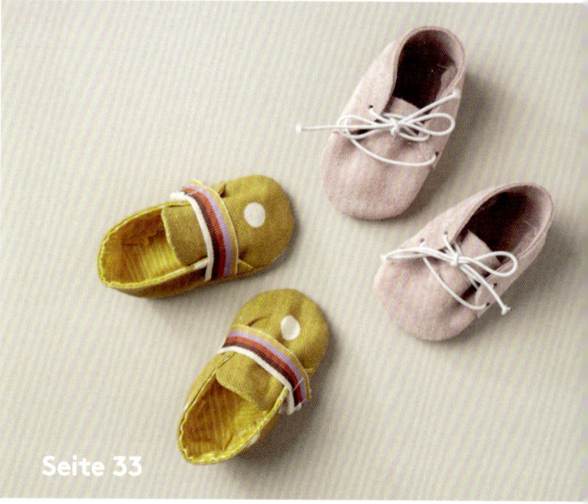
Seite 33

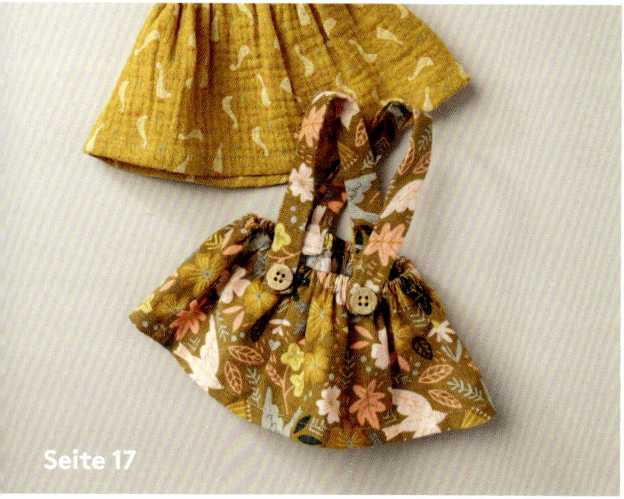
Seite 17

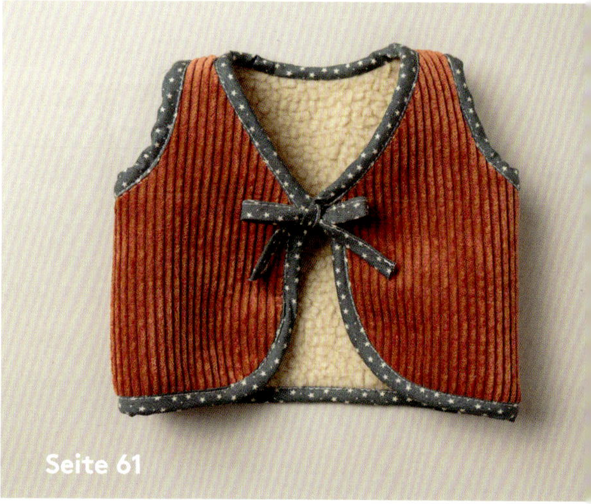
Seite 61

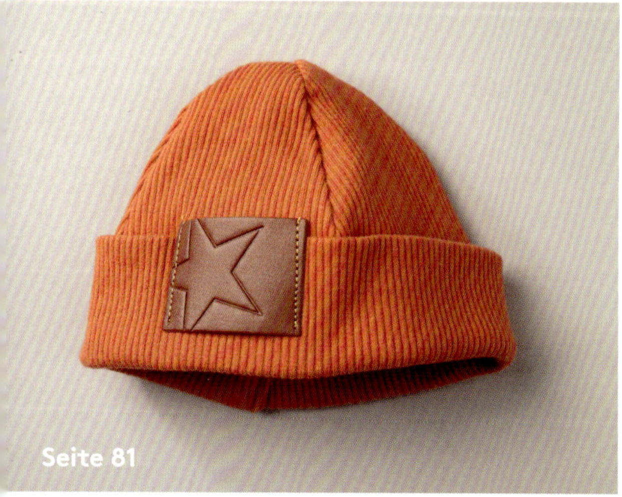
Seite 81

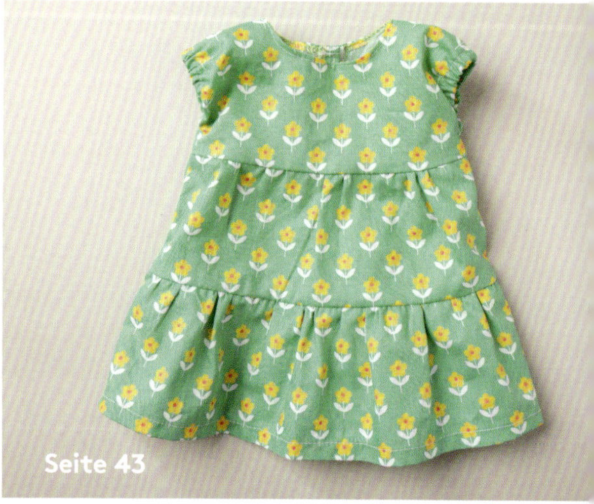
Seite 43

INHALTSVERZEICHNIS

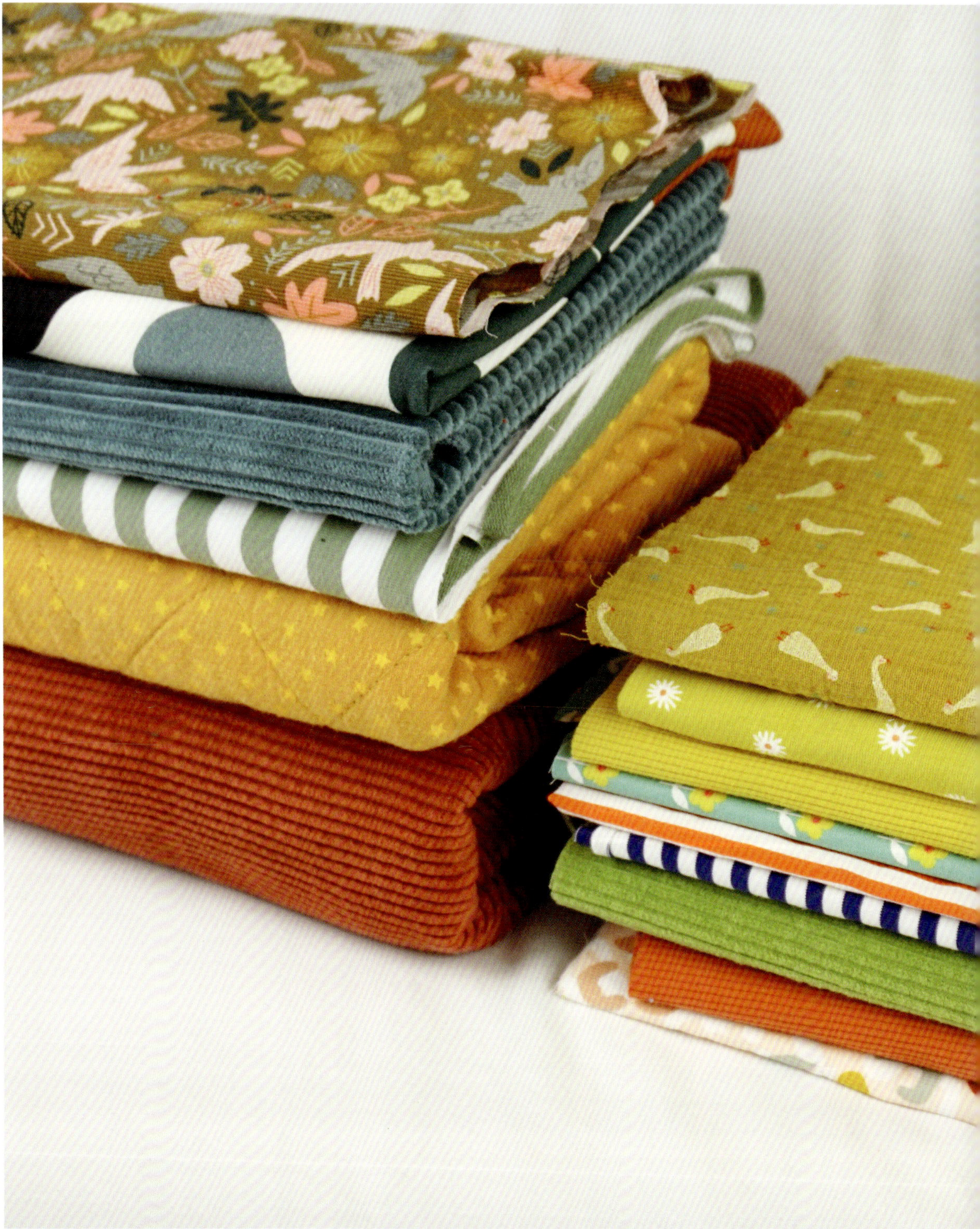

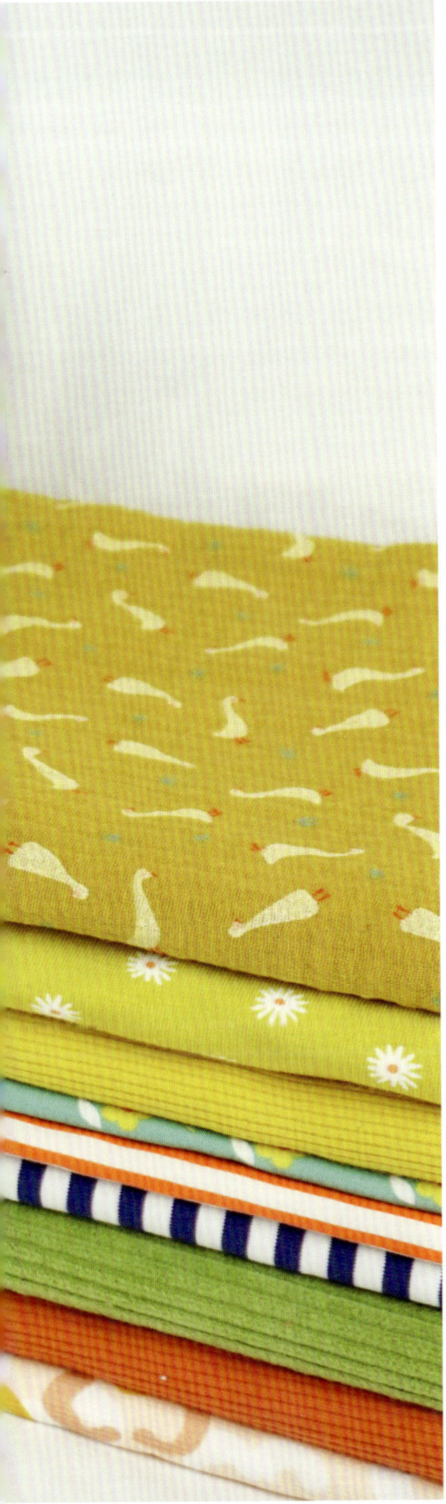

VORWORT

Egal ob Puppenmama oder Puppenpapa, alle freuen sich, wenn sie ihre Puppenkinder an-, aus- und umziehen können, mit süßen Kleidungsstücken, vielleicht sogar im Partnerlook mit der eigenen Garderobe.

Puppenkleidung eignet sich wunderbar, um Reste zu verwerten, sie ist schnell und einfach genäht, aber man kann sich an den relativ schlichten Schnitten auch super mit Webbändern, Rüschen oder Applikationen austoben.

Alle Kleidungsstücke sind so verarbeitet, dass sie möglichst einfach auch von jungen Kindern an- und ausgezogen werden können, durch Klettverschlüsse, Druckknöpfe oder Gummizüge.

Du kannst zwischen 3 Größen wählen, welche die gängigsten (Plastik-)Puppen abdecken.

Ich wünsche dir viel Spaß dabei, diese süße Minimode nachzunähen und hoffe, dass die Puppeneltern sich darüber freuen werden.

Svenja

GRÖßENAUSWAHL

Größe (Gesamtlänge der Puppe)	32-37 cm	38-43 cm	44-47 cm
Brustumfang	bis 29 cm	bis 32 cm	bis 34 cm
Bauchumfang	bis 29 cm	bis 32 cm	bis 35 cm
Poumfang	bis 30 cm	bis 35 cm	bis 39 cm
Halsumfang	15 cm	19 cm	21 cm
Schulterbreite	2 cm	2,5 cm	3 cm
Armlänge inkl. Schulter	14 cm	15,5 cm	17 cm
Seitenlänge Achsel bis Ferse	19 cm	24 cm	29 cm
Innere Beinlänge Schritt bis Ferse	12 cm	13,5 cm	16 cm
Fußlänge	4,5 cm	6,2 cm	7,3 cm

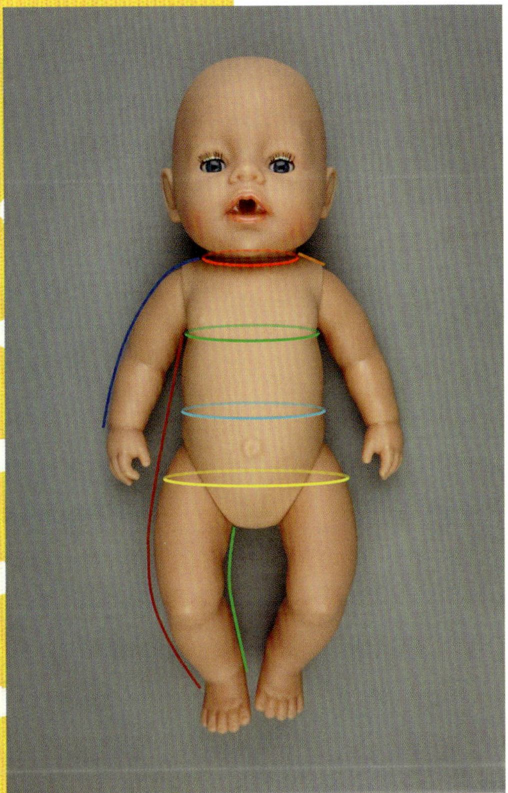

Die Proportionen von Puppen sind leider meistens nicht einheitlich, auch nicht, wenn sie die gleiche Körperhöhe haben oder von einem Hersteller sind. Ich habe mich deshalb bemüht, die Größen so zu gestalten, dass sie jeweils einen Durchschnitt der gängigsten Puppen abbilden. Wenn du möchtest, dass die Kleidung perfekt passt, ist es wichtig, dass du nochmal die Maße vergleichst und ggf. kleine Anpassungen vornimmst.

Die Größe wählst du zunächst anhand der Gesamtlänge deiner Puppe. Unsere BabyBorn trägt die mittlere Größe, die kleine Mini-Muffin-Puppe die kleine Größe, die große Größe haben wir an einer Bayer Design Hello Baby getestet.

Falls du eine Puppe hast, deren Proportionen nicht den klassischen Baby-Puppen entspricht (Stoffpuppe, Stoffkörper-Puppe, Kleinkind-puppe), musst du unbedingt die anderen Maße vergleichen und ggf. die Schnitte etwas breiter oder schmaler, länger oder kürzer zuschneiden. Wenn du die Puppe vor Ort hast, kannst du auch die ausgeschnittenen Papierschnittteile einmal der Puppe anhalten, um zu sehen ob noch etwas an der Länge oder Weite geändert werden muss. Wie das genau funktioniert, verrate ich dir auf der nächsten Seite.

SCHNITTANPASSUNG

VERLÄNGERN UND KÜRZEN

Es kann nötig sein, die Ärmel, die Beine oder den Oberkörper eines Schnitts zu verlängern oder zu kürzen. Das ist relativ einfach. Zunächst misst du aus, wie viel du das Teil verlängern oder kürzen musst. Anschließend paust du die Schnitte in der entsprechenden Grundgröße ab und teilst die Strecke, die du verlängern/kürzen willst, mittig. In der Grafik siehst du es beispielhaft am Overall. Wenn du das Teil verlängern möchtest, musst du die ermittelte Mehrlänge zwischen den Teilen dazugeben. Dazu klebst du zuerst das obere Teil auf ein Blatt, dann zeichnest du an der unteren Teilungskante eine Parallele im Abstand der Mehrlänge und klebst dort an diese Parallele das untere Teil. Die Seitennähte nochmal neu ausformen und das fertige Teil ausschneiden.

Zum Kürzen musst du die Teile überlappen lassen, so viel wie das Teil zu lang ist. Zusammenkleben, Seitennähte neu ausformen und ausschneiden.

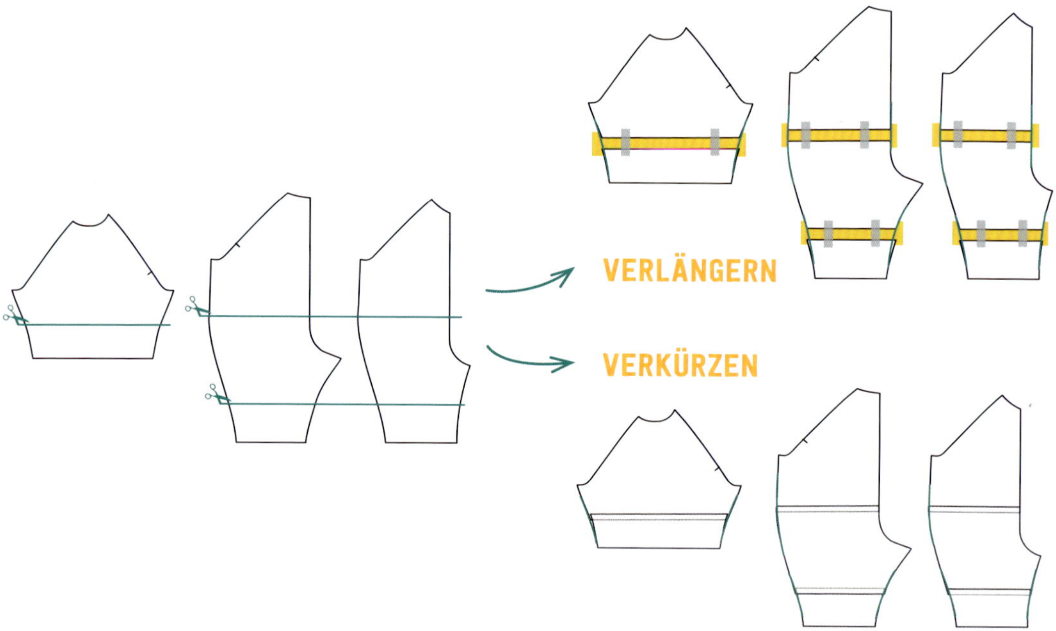

WEITER ODER ENGER MACHEN

Wenn du ein Oberteil weiter oder enger machen möchtest, dann machst du das an den Seiten- und ggf. Ärmelnähten. An Vorder- und Rückteil muss immer gleich viel dazu- bzw. weggenommen werden. Beachte, dass die Weite, die du dazugeben bzw. wegnehmen möchtest, immer erst durch 4 geteilt werden muss und das Ergebnis dann angeschnitten bzw. abgeschnitten wird. Willst du das Teil 4 cm weiter machen, dann gib an den Seitennähten nur 1 cm dazu.

Bei den Hosen geht es im Prinzip genauso, hier wird auch nur an den äußeren Beinnähten etwas dazugegeben/weggenommen. Bei der Leggings teilst du das Beinteil einmal längs, um etwas an der Weite zu ändern. Du kannst auch nur am Po Weite dazugeben/wegnehmen und die Linie dann wieder ins Bein einlaufen lassen.

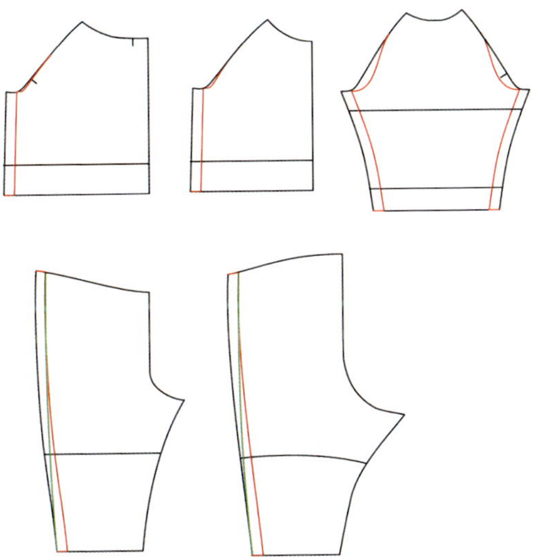

ENGER

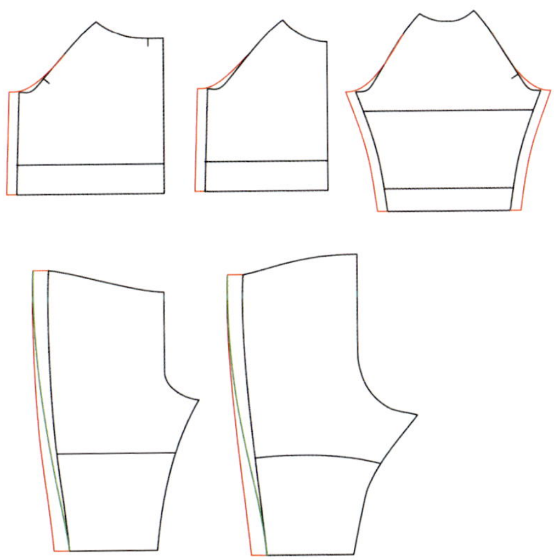

WEITER

MATERIALIEN UND WERKZEUGE

Je nach Kleidungsstück kannst du ganz verschiedene Stoffarten verwenden, meistens reichen schon Reste. Auch aus aussortierten Kleidungsstücken können wunderschöne Puppenkleider entstehen. Welche Stoffe genau infrage kommen, erfährst du beim jeweiligen Modell.

Zusätzlich kannst du die Puppenkleidung mit Webbändern, Rüschen, Spitze, Zackenlitze oder Schrägbändern aufhübschen. Ein paar Zierknöpfe (gut festgenäht!) sowie Applikationen sind auch toll.

Zum Verschließen benötigst du Klettband oder Druckknöpfe (Jerseydruckknöpfe/ Snaps) sowie schmales Gummiband.

Sehr praktisch ist bei Puppenkleidung übrigens eine Zackenschere, denn mit ihr kann man die Nahtzugaben von Webstoffen abschneiden und muss sie dann nicht mehr versäubern; das ist bei Puppenkleidung eine sehr schnelle und einfache Variante der Versäuberung.

SCHWIERIGKEITSGRADE

anfängertauglich

braucht etwas Übung

tricky, aber auch das schaffst du!

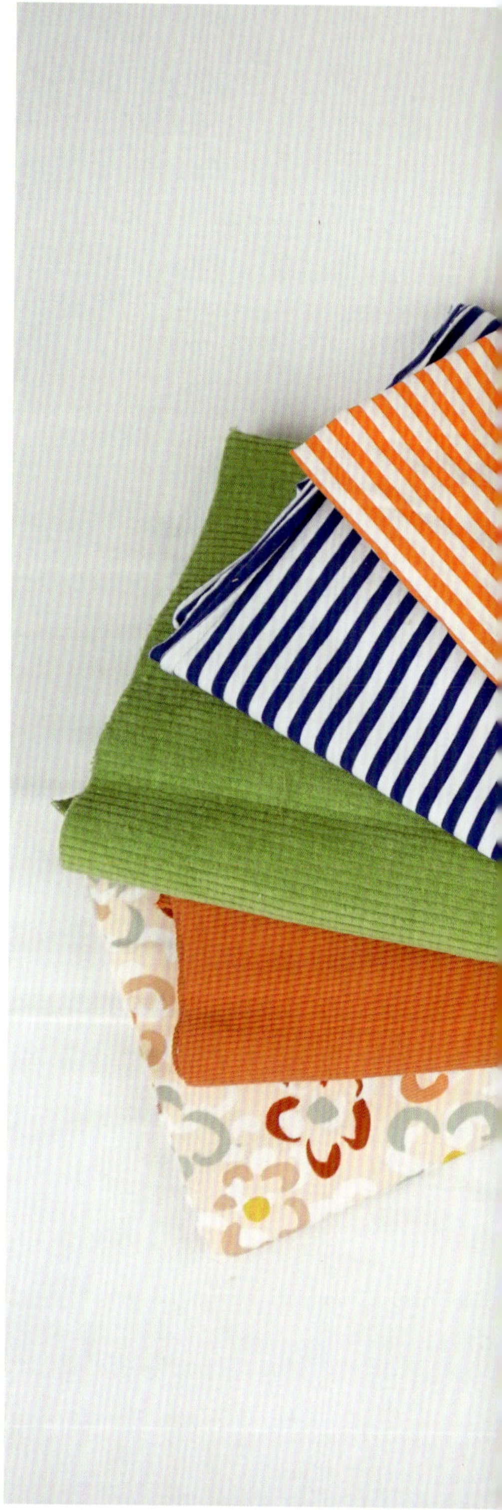

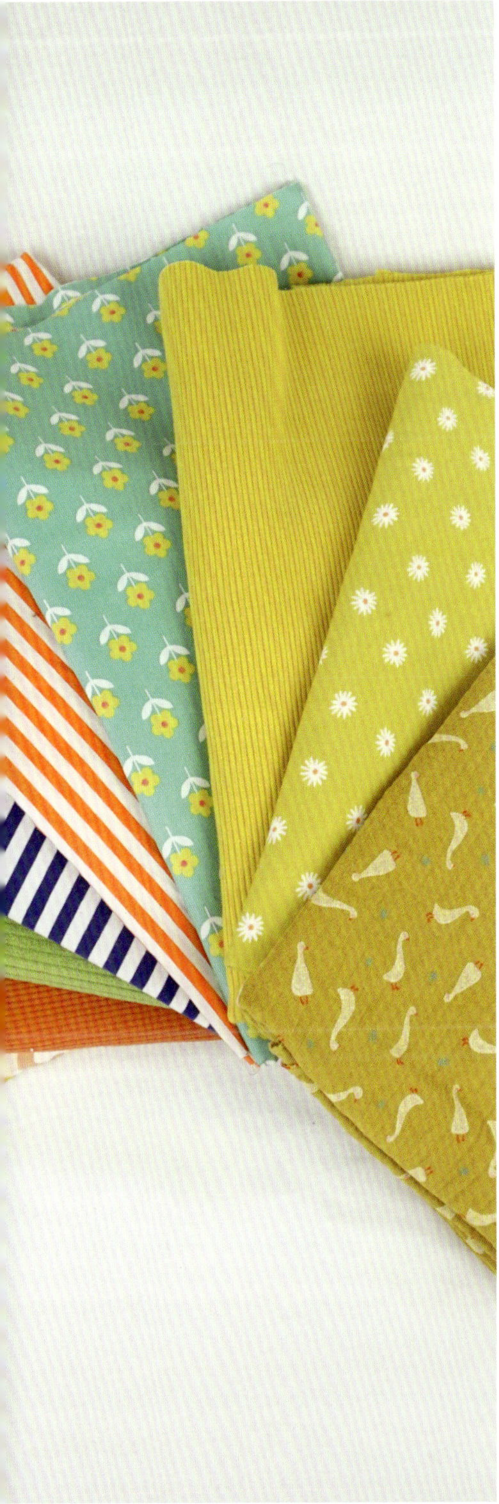

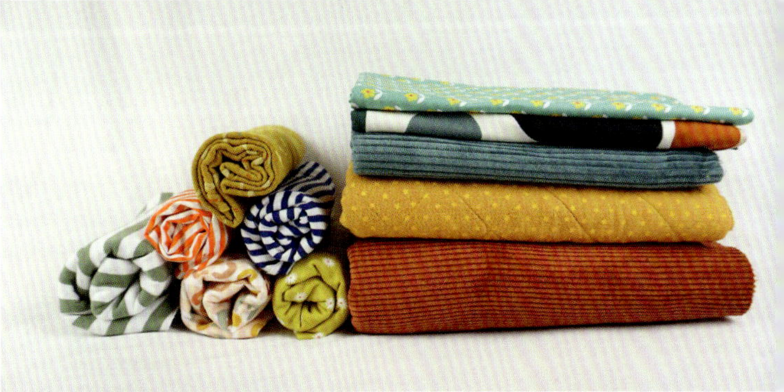

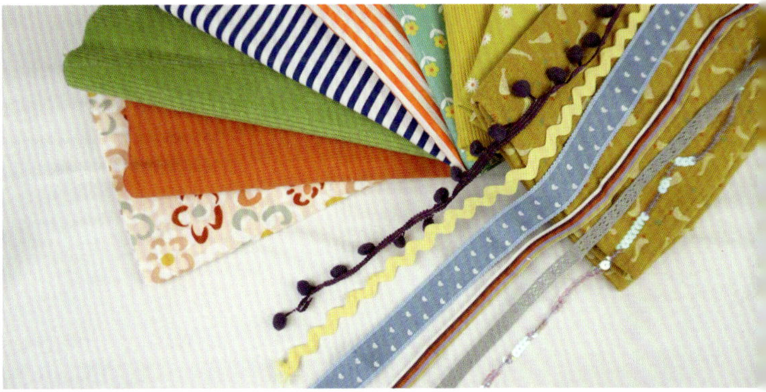

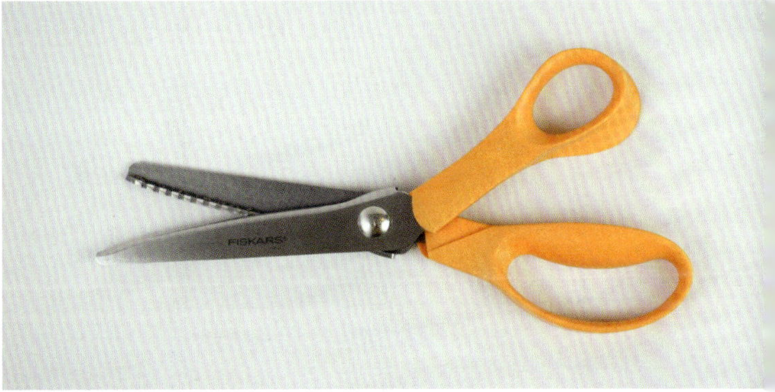
FISKARS

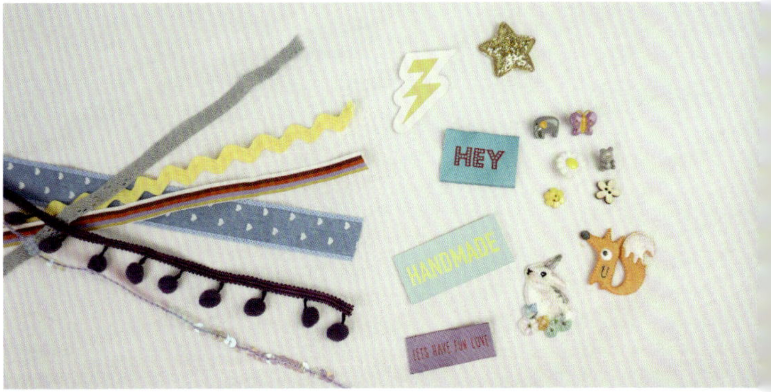
HEY
HANDMADE

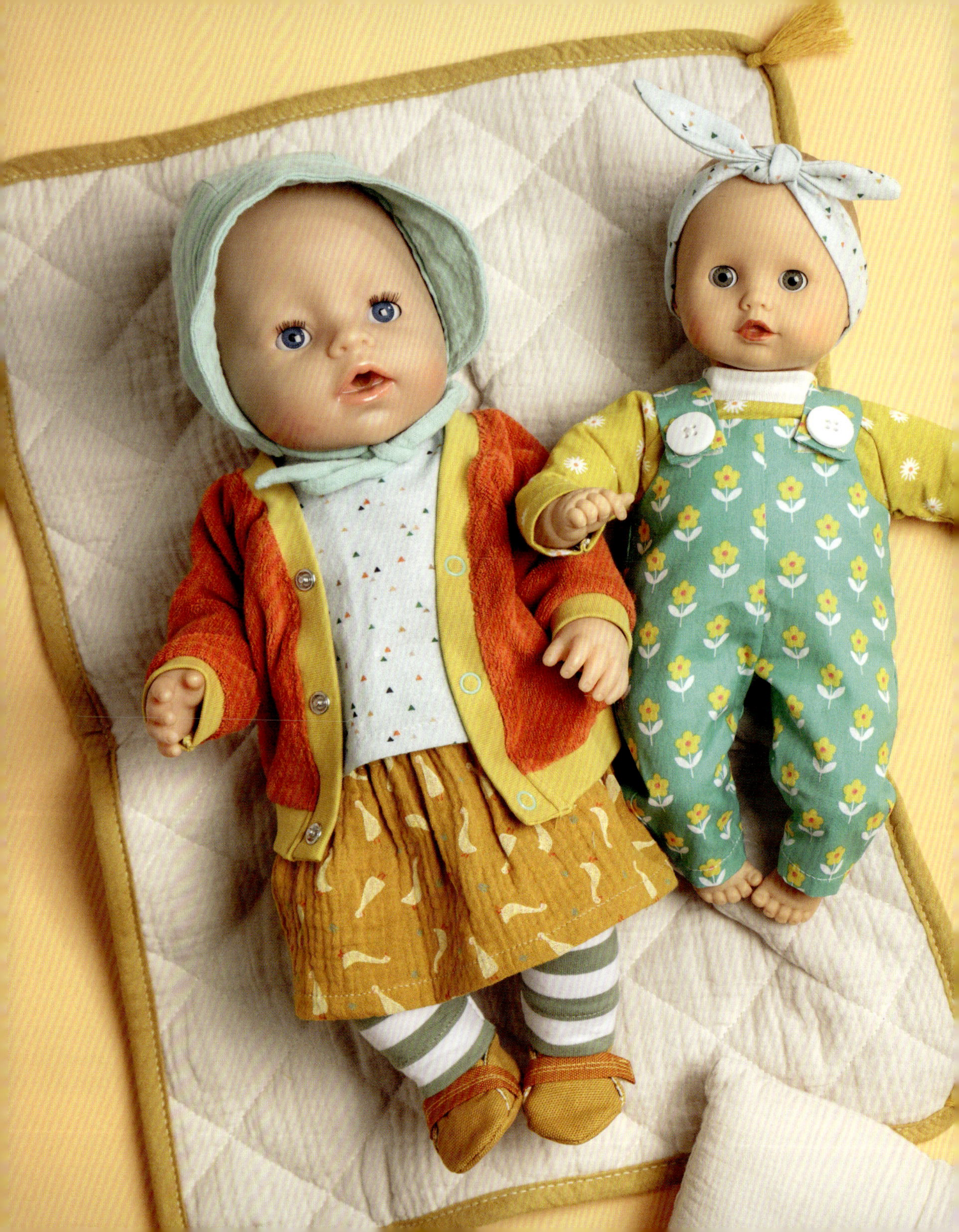

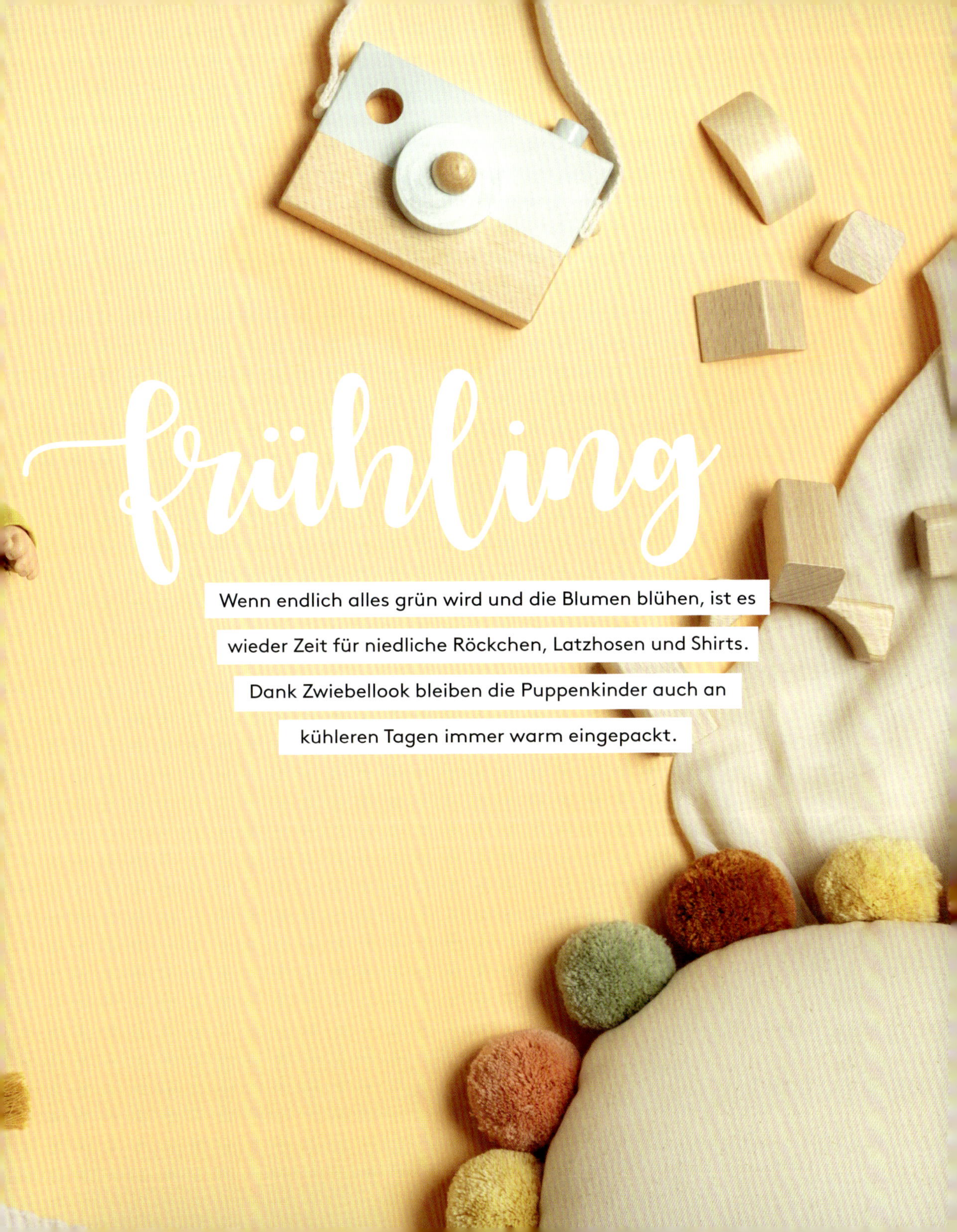

frühling

Wenn endlich alles grün wird und die Blumen blühen, ist es wieder Zeit für niedliche Röckchen, Latzhosen und Shirts. Dank Zwiebellook bleiben die Puppenkinder auch an kühleren Tagen immer warm eingepackt.

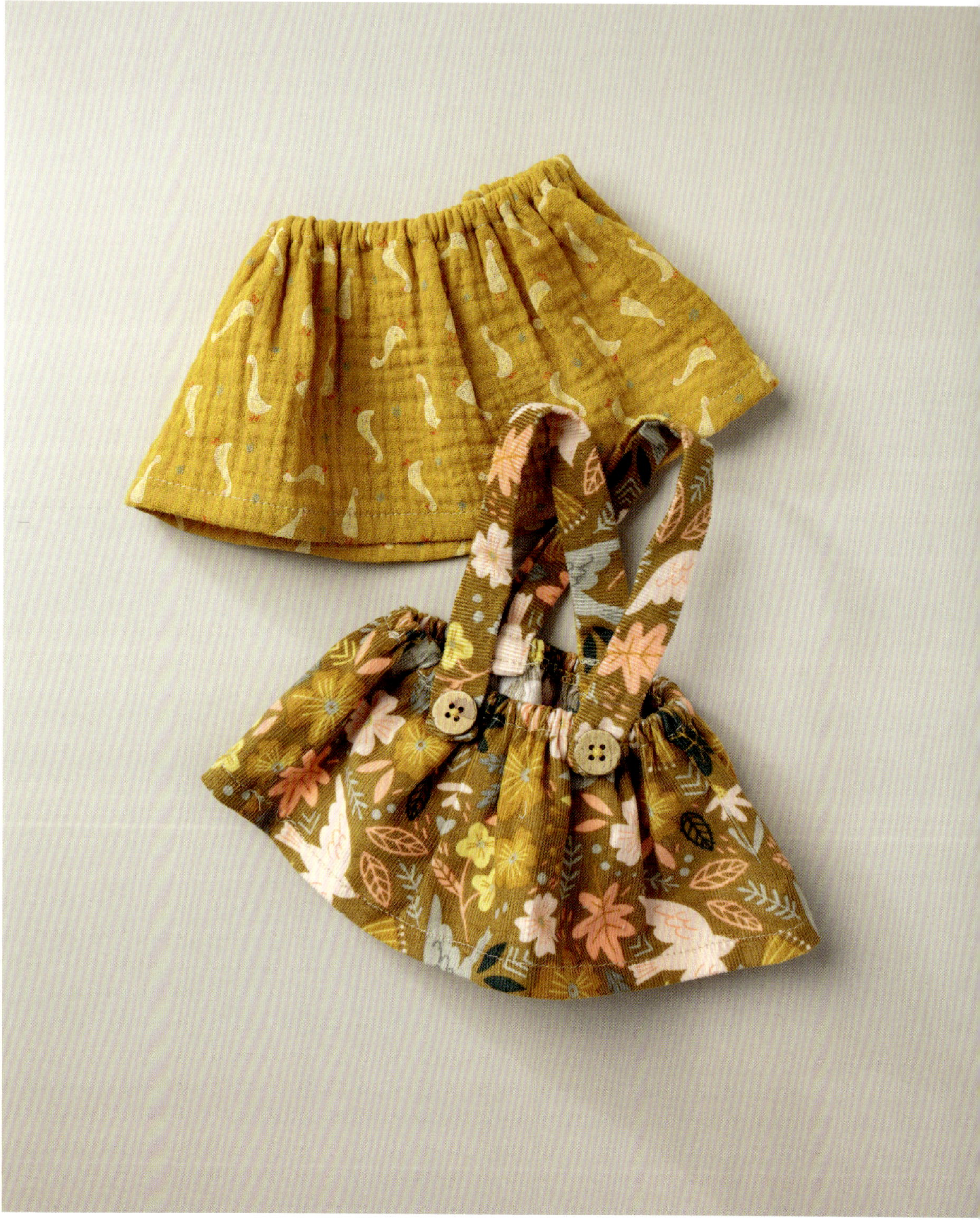

verspielter

ROCK

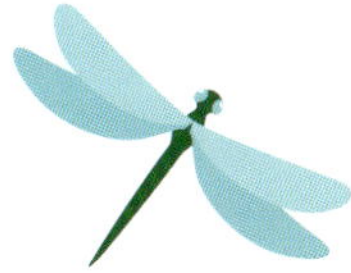

Wenn es schnell gehen muss, ist der Rock genau die richtige Wahl, denn er ist im Handumdrehen genäht, macht aber trotzdem viel her.

MATERIAL

- Als Material eignen sich leichte gewebte Stoffe wie Popeline, Batist und Musselin, aber auch Jersey.
- Ggf. Klettband oder Druckknöpfe (wenn Träger genäht werden), ggf. Bänder, Knöpfe, Zackenlitze etc. zum Verzieren.

Größe	32-37 cm	38-43	44-48
Stoffverbrauch	18 cm Höhe x 60 cm Breite	20 cm Höhe x 65 cm Breite	25 cm Höhe x 75 cm Breite
Gummiband 5 mm breit	29 cm (Bzw. Bauchumfang der Puppe)	32 cm (Bzw. Bauchumfang der Puppe)	35 cm (Bzw. Bauchumfang der Puppe)

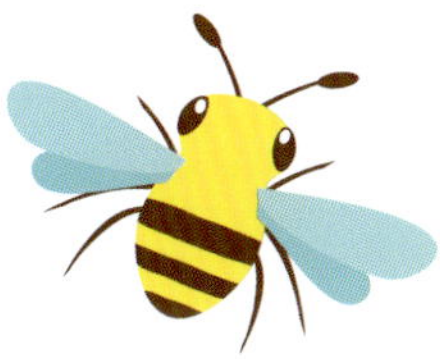

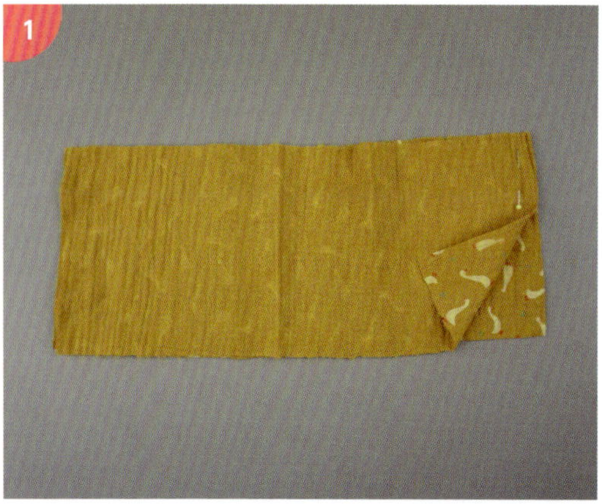

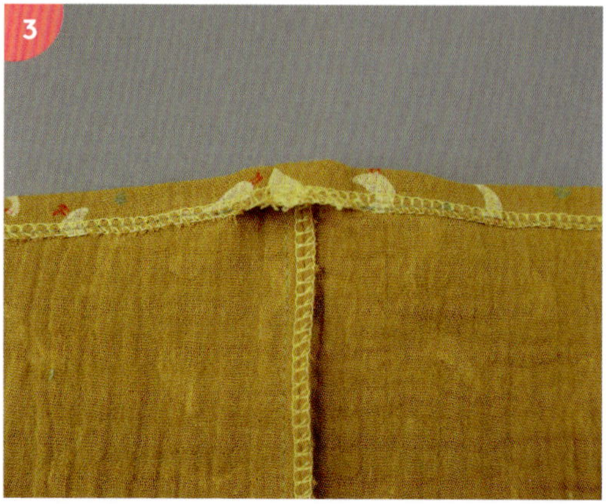

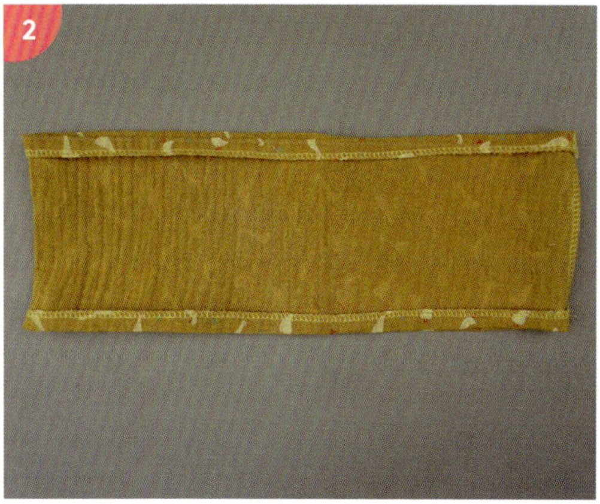

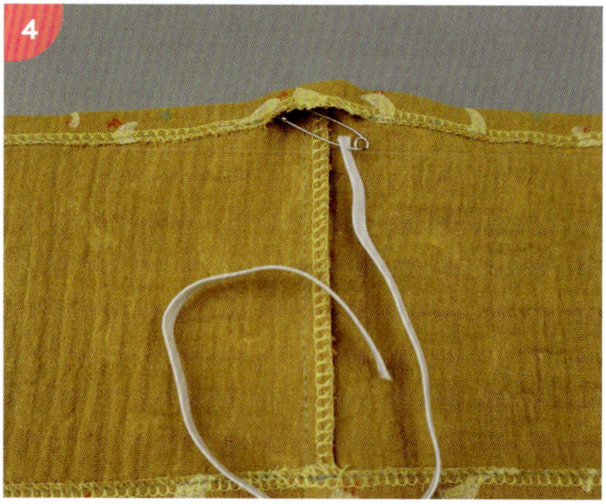

1 Die beiden kurzen Seiten des Rockteils rechts auf rechts zusammennähen und versäubern, die Nahtzugabe in eine Richtung bügeln.

2 Anschließend versäuberst du die obere und untere Stoffkante des Rocks und bügelst jeweils 1 cm Nahtzugabe zur linken Seite um.

3 Nun die beiden gebügelten Nähte jeweils absteppen, lass die Naht möglichst innen auf der Versäuberungsnaht laufen. In der oberen Naht lässt du eine 2 cm große Öffnung.

4 Durch diese Öffnung musst du mithilfe einer Sicherheitsnadel den Gummi in passender Länge (siehe Material) in den Tunnel ziehen. Pass auf, dass dir das Ende nicht reinrutscht. Zum Schluss werden die Gummi-enden zusammengenäht, in den Tunnel gezogen und die Öffnung zugenäht.

Jetzt ist das schnelle Röckchen auch schon fertig. Falls du aus dem Rock einen Latzrock nähen möchtest, folge noch den nächsten Arbeitsschritten.

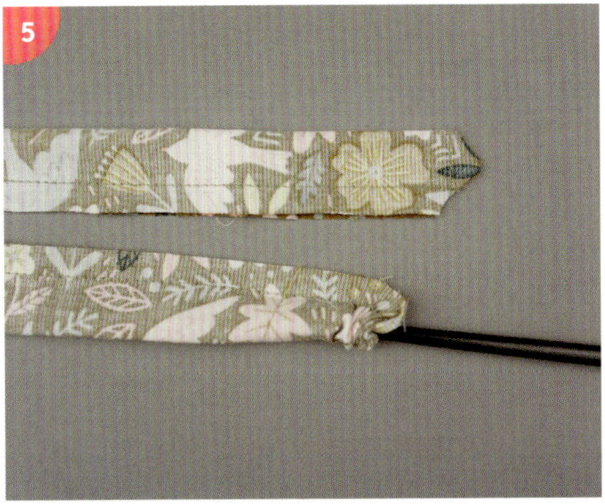

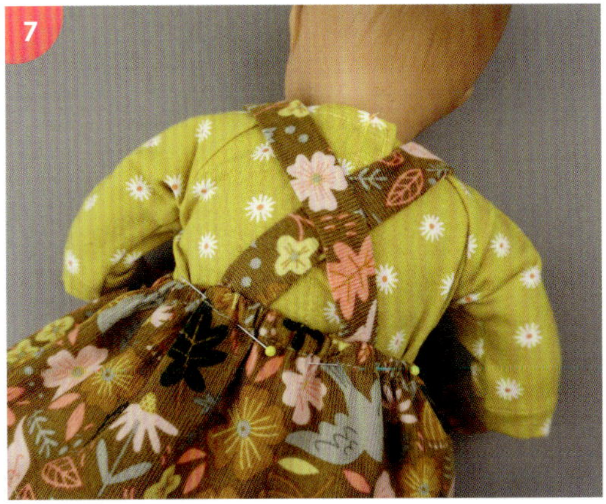

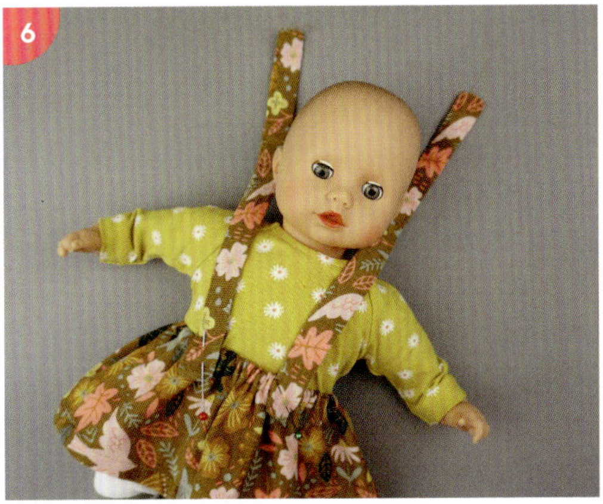

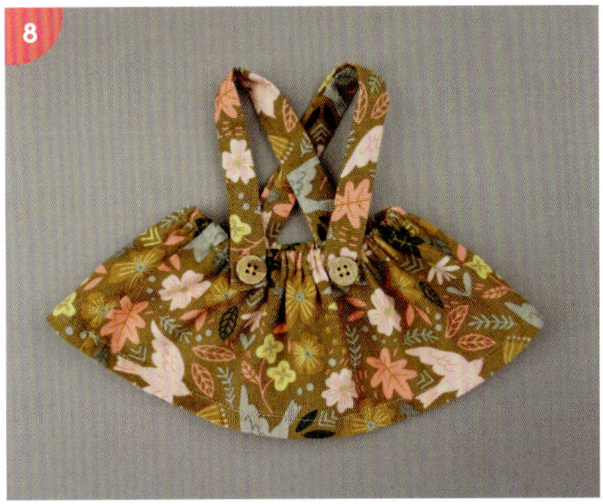

5 Die Träger so umfalten, dass die langen Kanten aufeinanderliegen und die rechte Stoffseite innen. An der langen und einer kurzen Seite zusammennähen. Mit einem dünnen Gegenstand (z. B. einem Essstäbchen) die Träger wenden, die Kanten schön bügeln.

6 Am leichtesten lassen sich die nächsten Schritte direkt an einer Puppe durchführen, aber es geht auch ohne. Vorne am Bauch werden beide Träger ca. 1 bis 2 cm in den Rock geschoben und mit Nadeln am Rock fixiert.

7 Dann werden die Träger über die Schultern geführt, am Rücken gekreuzt und die Enden ebenfalls unter den Rockbund geschoben und festgesteckt.

8 Jetzt kannst du den Rock der Puppe wieder ausziehen (ohne die Nadeln zu lösen) und die Träger in der Bundnaht einfach annähen. Wenn du möchtest, kannst du zur Zierde noch Knöpfe aufnähen.

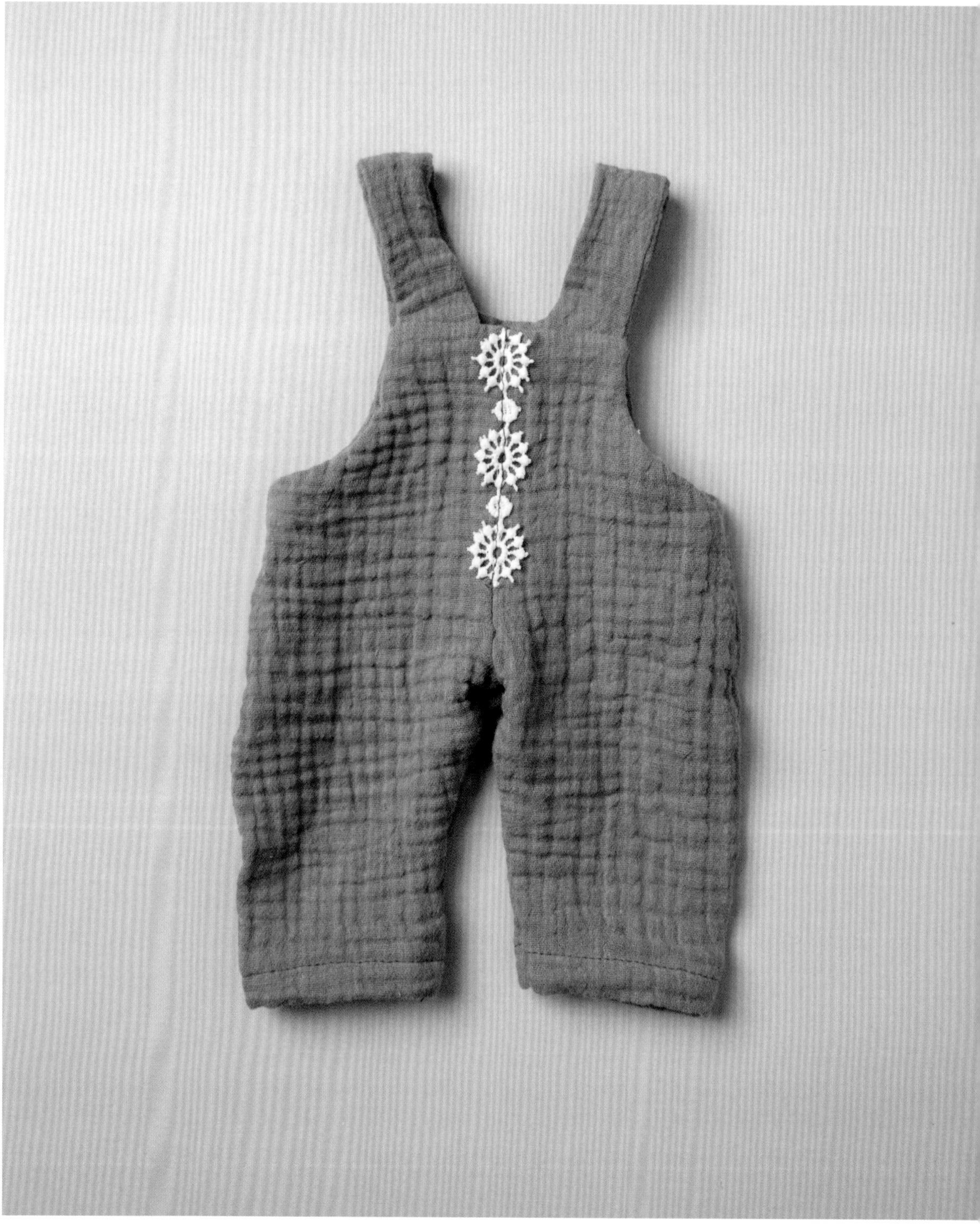

süße

LATZHOSE

Ob mit kurzen oder langen Beinen, eine Latzhose darf in keinem Puppenschrank fehlen, denn sie passt immer und ist supersüß!

MATERIAL

- Als Material eignen sich gewebte Stoffe wie Cord, Jeans, Popeline, Leinen, Musselin, aber auch Sweat.
- Klettband
- Evtl. Band oder Knöpfe zum Verzieren.

Größe	32-37 cm	38-43	44-48
Stoffverbrauch	25 cm Höhe x 80 cm Breite	30 cm Höhe x 95 cm Breite	35 cm Höhe x 105 cm Breite

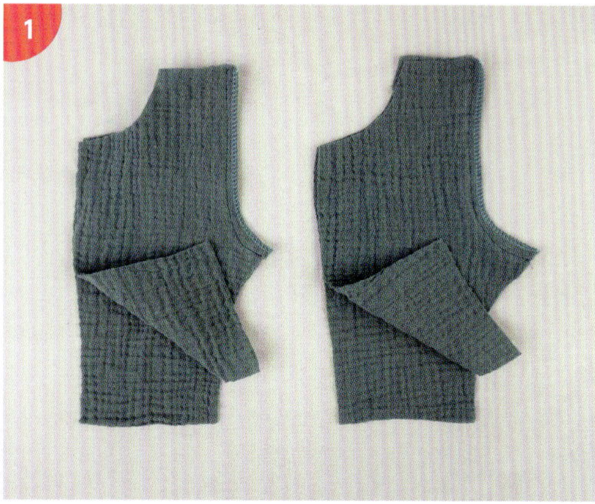

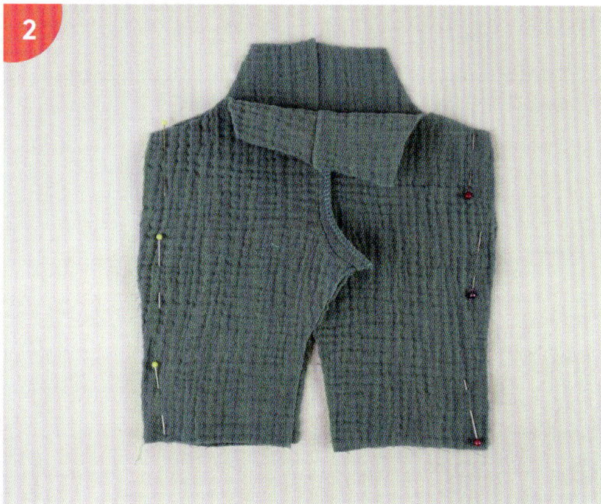

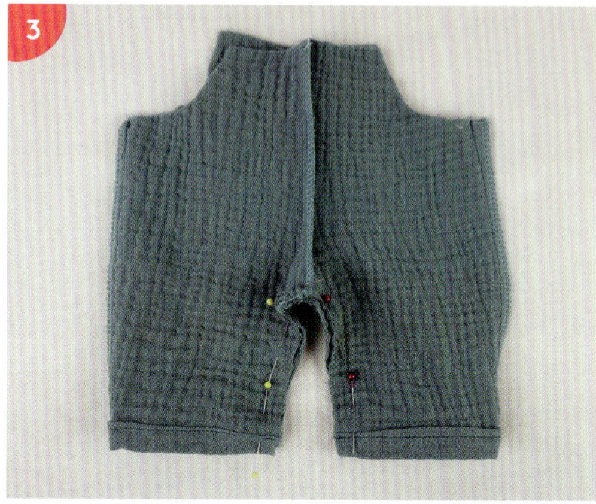

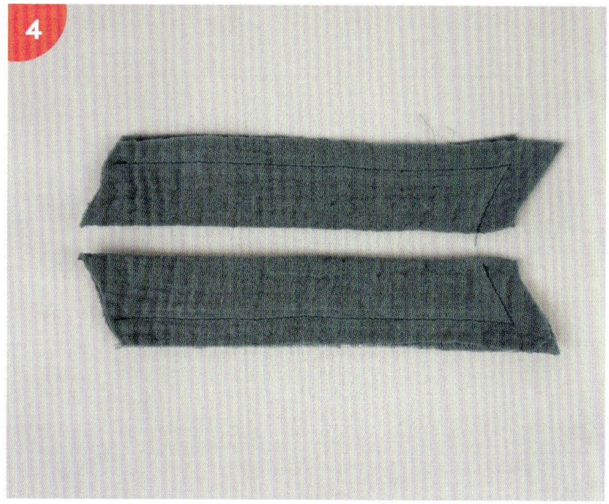

1 Beide Vorder- und Rückteile an der Mittelnaht zusammennähen und die Nahtzugabe in eine Richtung bügeln.

2 Vorder- und Hinterhose rechts auf rechts zusammenstecken, die äußeren Seitennähte nähen, die innere Beinnaht bleibt noch offen.

3 Die Säume je zweimal 1cm nach links umbügeln, entlang der inneren Kante absteppen. Die innere Beinnaht rechts auf rechts zusammennähen. Die Hose auf rechts wenden.

4 Die Träger an der langen Kante in den Bruch legen, die rechte Stoffseite innen. Je eine kurze und die langen Seiten zusammennähen. Bei dicken Stoffen die Nahtzugabe einkürzen. Die Träger mithilfe eines langen Gegenstands (z. B. Löffelstiel) wenden und bügeln.

5 Die Träger rechts auf rechts mit der offenen Seite auf das vordere Latzteil stecken, seitlich neben den Trägern Platz für die Nahtzugabe lassen. Die Trägerenden zeigen voneinander weg. Knappkantig annähen.

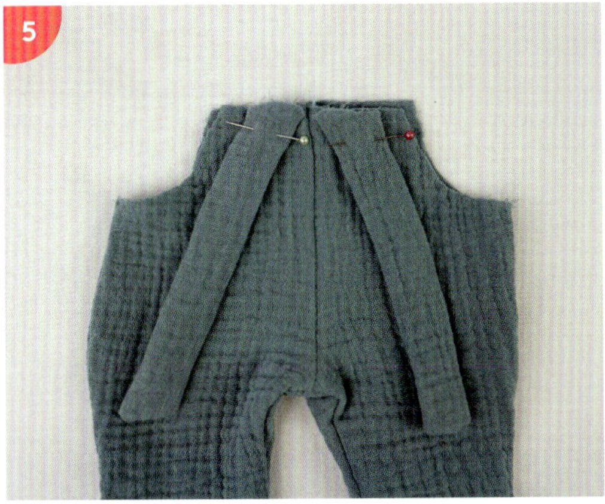

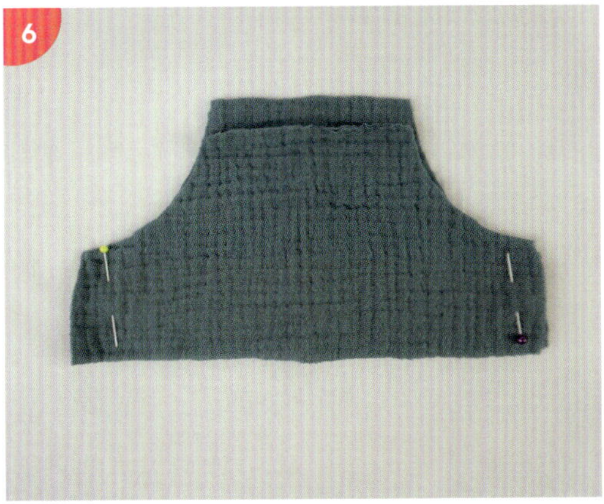

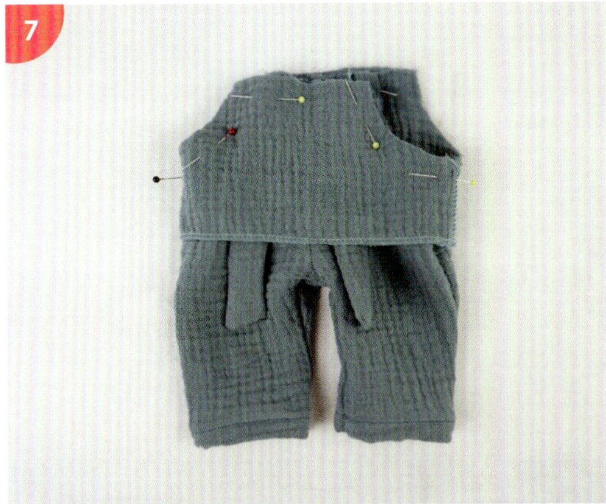

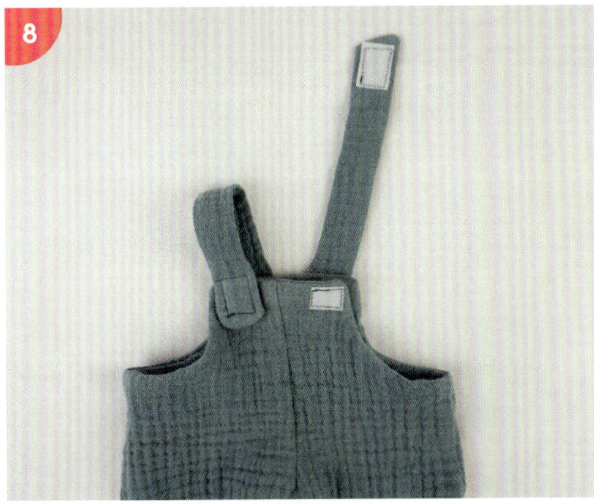

6 Jetzt werden die beiden Belegteile rechts auf rechts an den Seitennähten zusammengenäht, anschließend die untere Kante versäubern.

7 Den Beleg danach rechts auf rechts über die Hose stülpen, du kannst dich an den Knipsen orientieren, um zu sehen, wo vorne und hinten ist. Entlang der oberen Kante zusammenstecken und annähen.

8 Bevor der Beleg nach innen umgeschlagen werden kann, muss die Nahtzugabe vor allem in den Rundungen eingeschnitten werden, dann kannst du den Beleg umstülpen und die obere Kante bügeln. Damit der Beleg nicht rausrutscht, kannst du ihn an den Seitennähten mit der Hose verbinden.

Zum Schluss brauchst du nur noch 2 Klettstückchen in Trägerbreite. Die weiche Seite nähst du an die Trägerenden (Innenseite) und die Häkchenseite an den hinteren Latz.

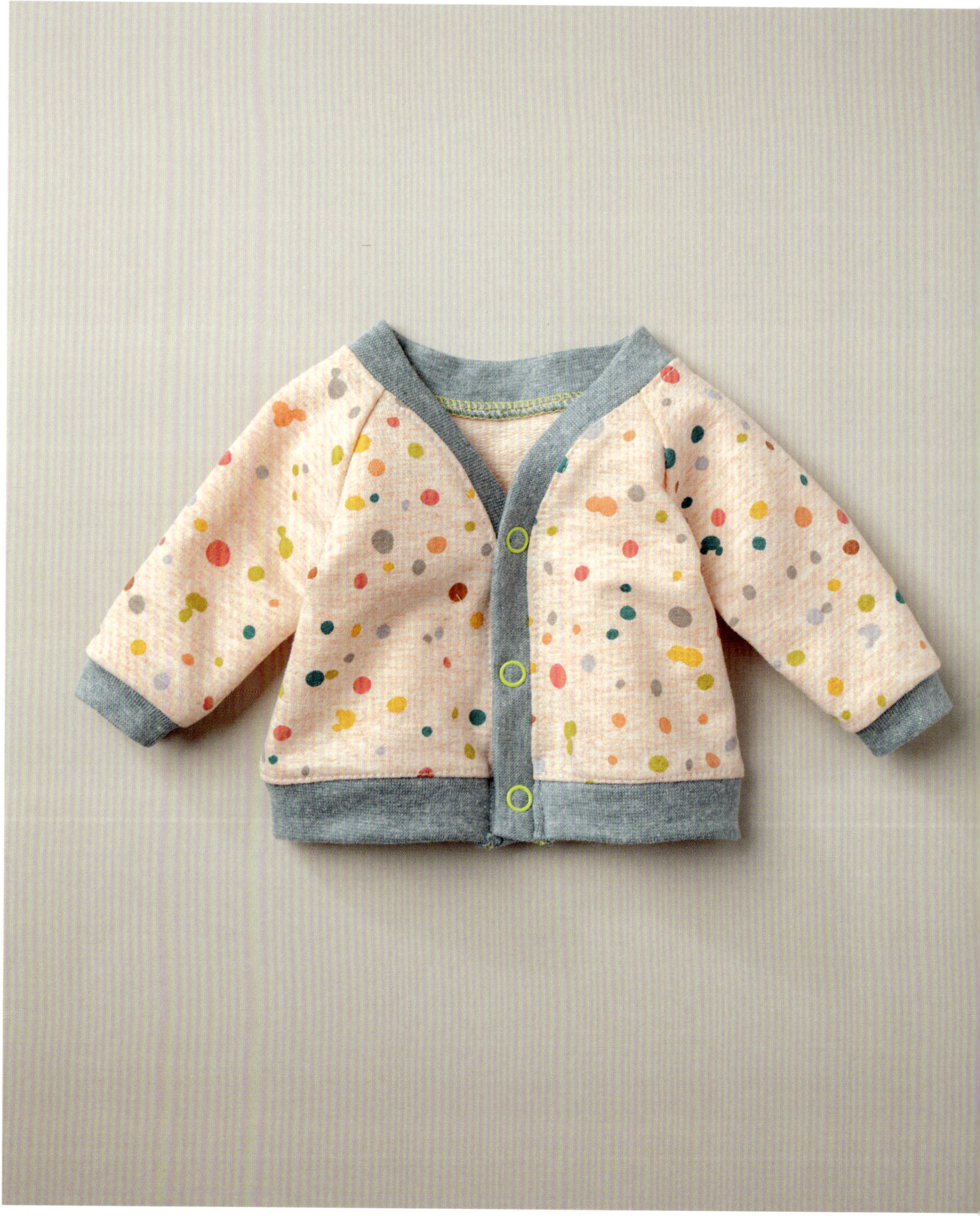

Schicke

SWEATJACKE

Ein kuscheliges Jäckchen ist perfekt an kalten Tagen, es rundet jedes Outfit ab.

MATERIAL

- Als Material eignen sich elastische Stoffe wie Sweat, Sommersweat oder Jersey. Zusätzlich benötigt man noch etwas Bündchenstoff.
- Druckknöpfe oder Klettband.

Größe	32-37 cm	38-43	44-48
Stoffverbrauch	16 cm Höhe x 75 cm Breite	18 cm Höhe x 85 cm Breite	20 cm Höhe x 95 cm Breite

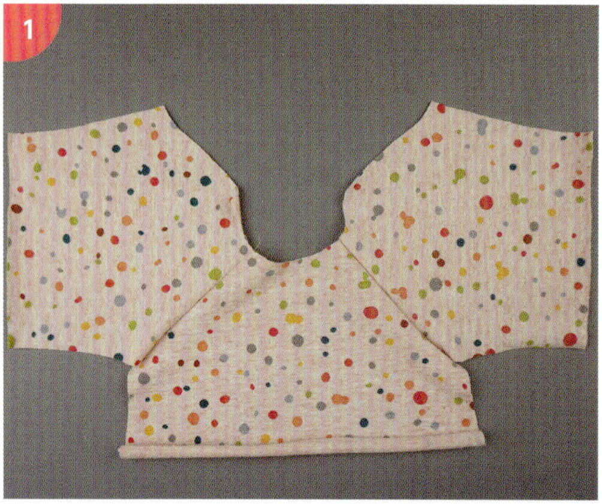

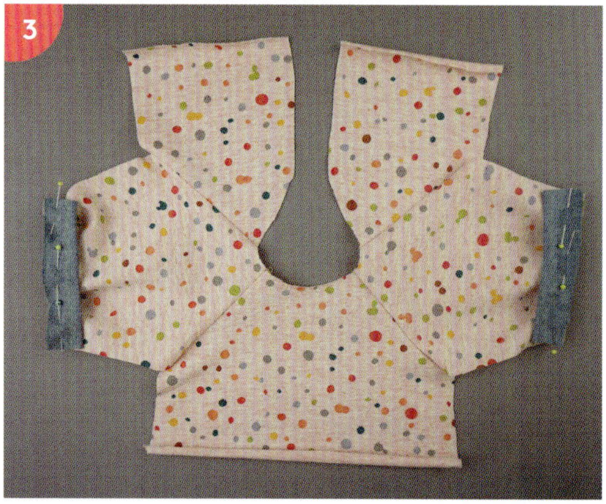

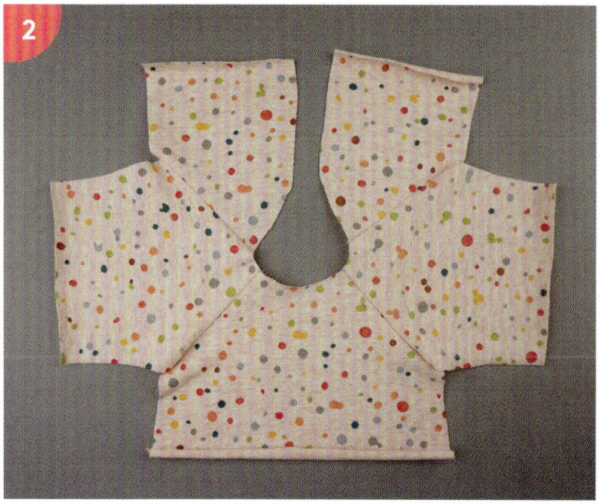

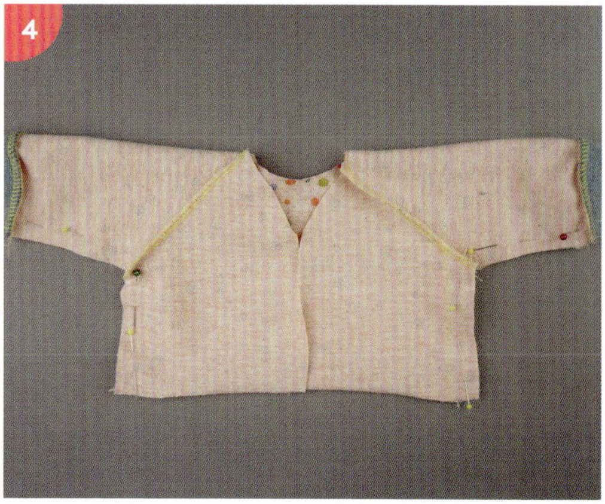

1 Wir beginnen mit dem Rückteil und den Ärmeln, welche rechts auf rechts an den Raglannähten zusammengesteckt werden. Wähle beim Ärmel dazu die Raglannaht mit Knips. Zusammennähen und die Nahtzugaben zu den Ärmeln hinbügeln.

2 An die noch offenen Raglannähte der Ärmel kommen nun rechts auf rechts die Vorderteile. Wieder annähen und die Nahtzugabe zu den Ärmeln hinbügeln.

3 Jetzt kannst du die Ärmelbündchen einmal der Länge nach in den Bruch bügeln, so dass die rechte Stoffseite außen liegt. Gedehnt an die Ärmelsäume stecken und annähen.

4 Nun musst du die Vorderteile rechts auf rechts aufs Rückteil legen und die Seiten- und Ärmelnähte aufeinanderstecken und zusammennähen.

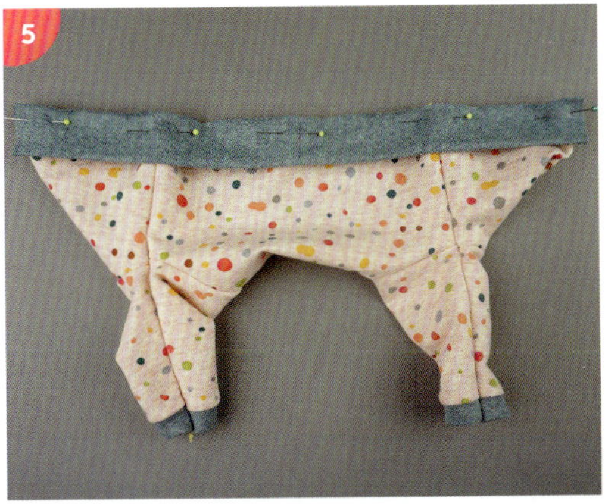

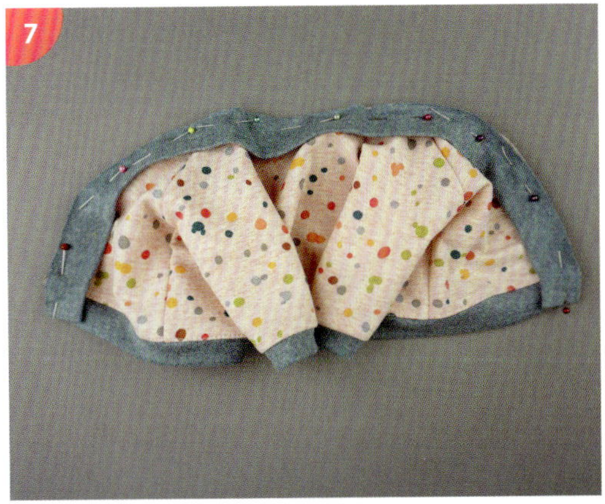

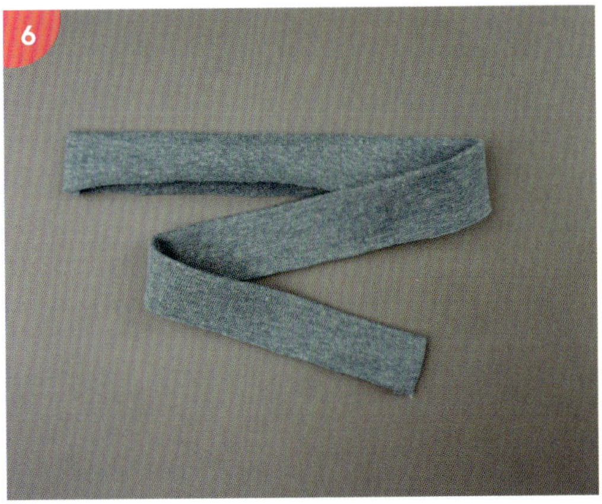

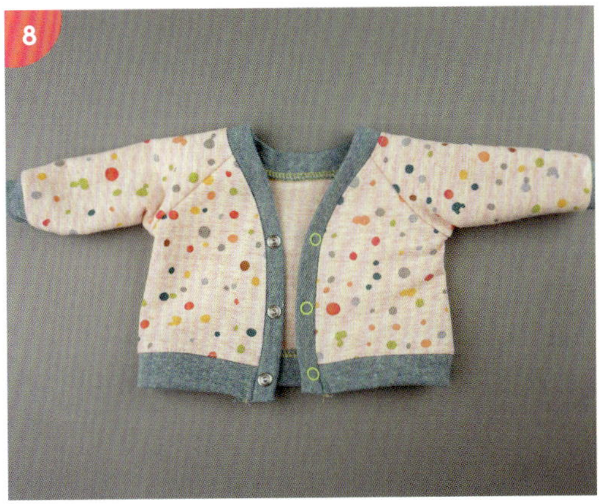

5 Weiter geht es mit dem Saumbündchen, welches du wie die Ärmelbündchen der Länge nach in den Bruch bügelst und gedehnt an den Saum nähst.

6 Als nächstes benötigst du das Halsbündchen, hier klappst du die kurzen Enden rechts auf rechts aufeinander und nähst sie knappkantig zusammen. Bündchen wenden und die langen Kanten aufeinander bügeln.

7 Anschließend wird das Halsbündchen auf die rechte Stoffseite des Halslochs gedehnt festgesteckt. Im Bereich der vorderen Mitte/Knopfleiste wird das Bündchen nicht gedehnt, dafür aber im Halsbereich.

8 Zum Schluss musst du nur noch 3 Druckknöpfe oder Klettband an der vorderen Mitte anbringen.

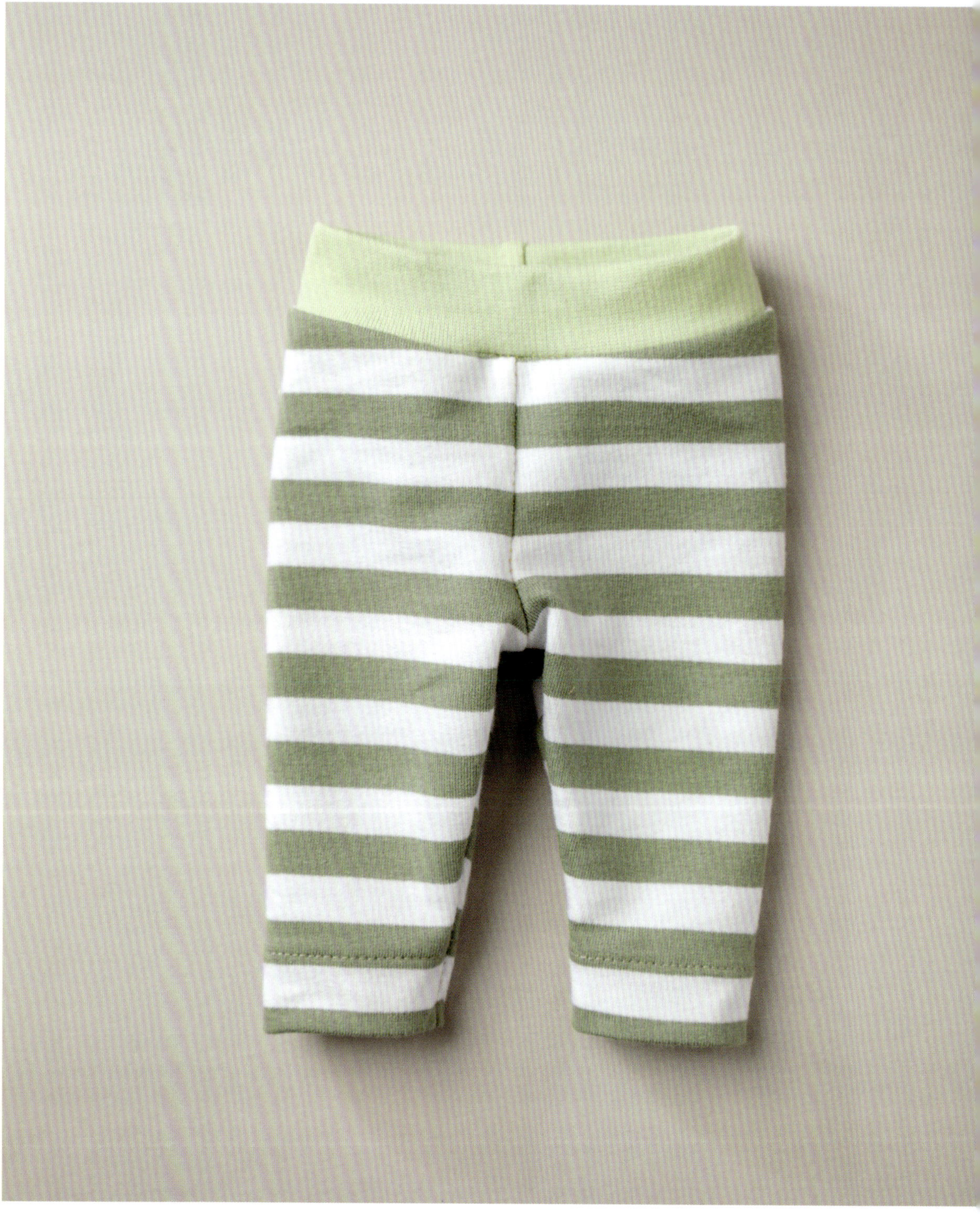

praktische

LEGGINGS

Leggings dürfen in keiner Garderobe fehlen, denn sie sind fix genäht und superpraktisch unter Kleidchen und Röckchen.

MATERIAL

- Als Material eignen sich elastische Stoffe wie Sommersweat oder Jersey. Zusätzlich benötigt man noch etwas Bündchenstoff.

ZUSCHNITT

Bitte denke daran, am Saum 1,5 bis 2 cm Saumzugabe hinzuzugeben.

Größe	32-37 cm	38-43	44-48
Stoffverbrauch	20 cm Höhe x 40 cm Breite	24 cm Höhe x 45 cm Breite	26 cm Höhe x 50 cm Breite

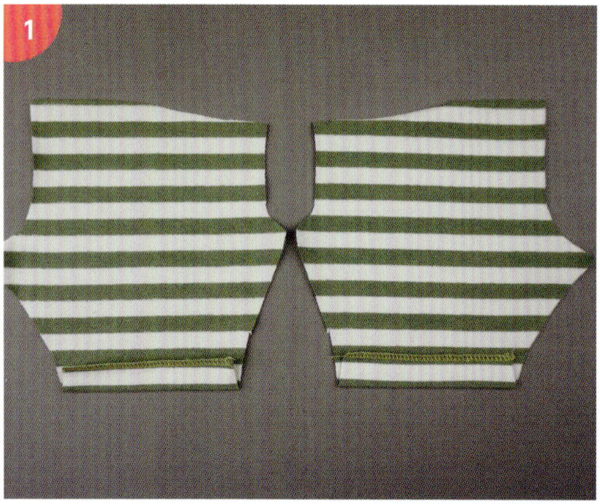

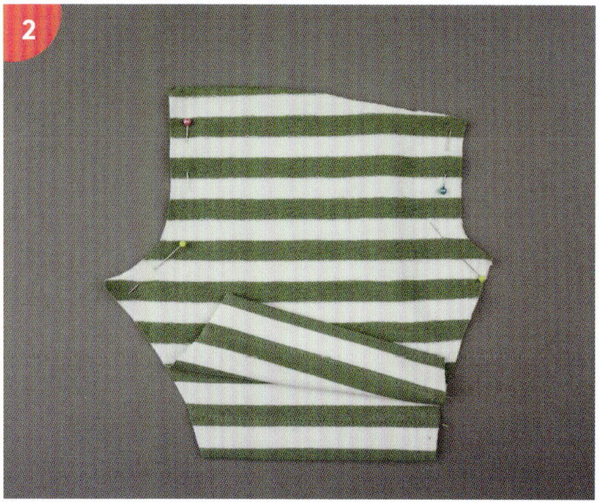

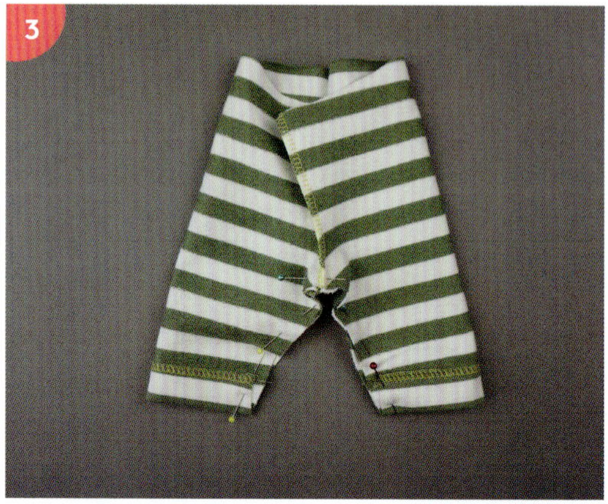

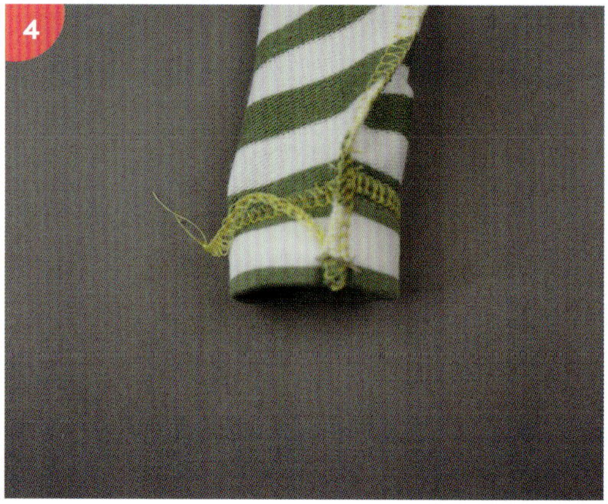

1 Wir starten mit den Säumen. Diese werden zuerst versäubert, anschließend wird die Saumzugabe nach links umgebügelt und der Saum mit elastischem Stich abgesteppt.

2 Jetzt werden die beiden Beinteile rechts auf rechts aufeinandergelegt und die beiden Schrittkurven (nicht die Beinnähte!) zusammengesteckt und zusammengenäht.

3 Nun kannst du die inneren Beinnähte ebenfalls aufeinanderlegen und zusammennähen.

4 Damit die Overlocknaht am Saum nicht aufgeht, kannst du die Nahtzugabe nochmal mit einem Geradstich etwas verriegeln.

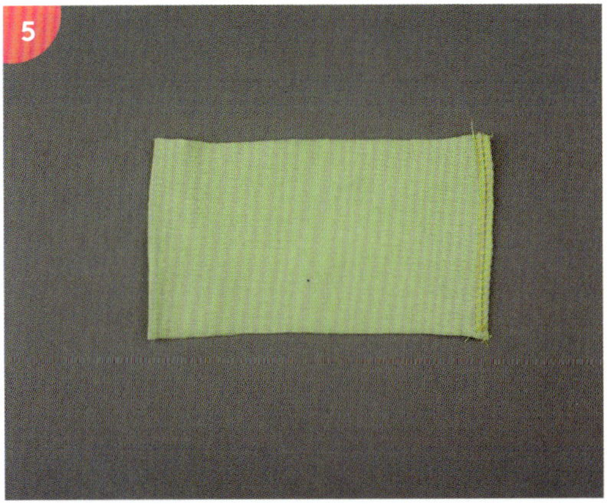

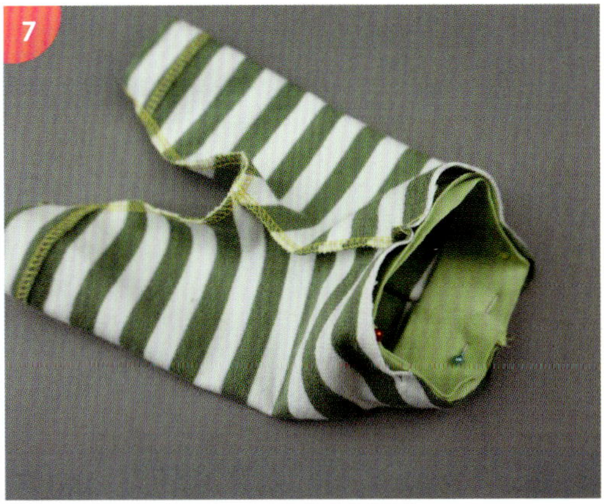

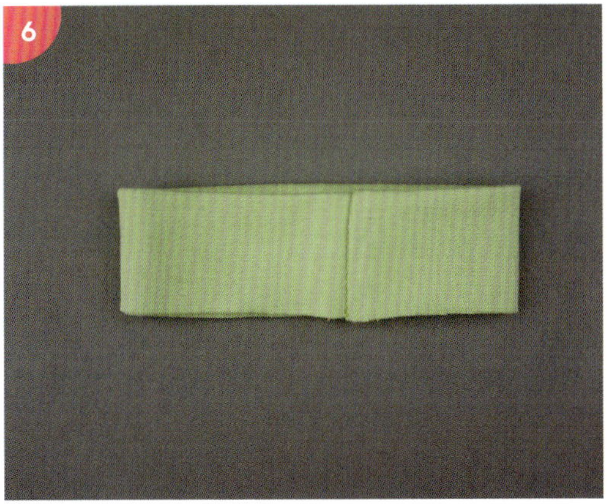

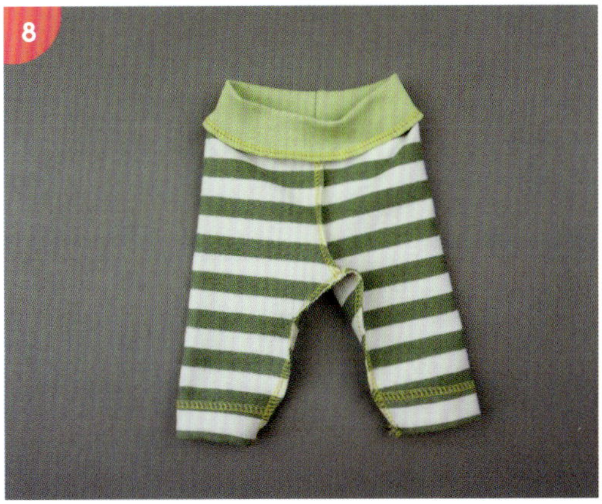

5 Nun kommen wir zum Bündchen. Die kurzen Seiten werden rechts auf rechts zusammengenäht.

6 Anschließend wird das Bündchen halb umgestülpt, so dass die linke Stoffseite und die Naht innen zwischen den Stofflagen liegen und die offenen Stoffkanten aufeinander.

7 Das Bündchen wird nun gedehnt auf die rechte Stoffseite des Hosenbunds gesteckt, die Naht des Bündchens liegt auf der hinteren Schrittnaht (das ist die längere). Das Annähen ist leichter, wenn dabei die Leggings noch auf links gedreht ist.

8 Nun musst du nur noch den Bund gedehnt annähen, nach oben klappen und die Naht bügeln, schon ist die Leggings fertig.

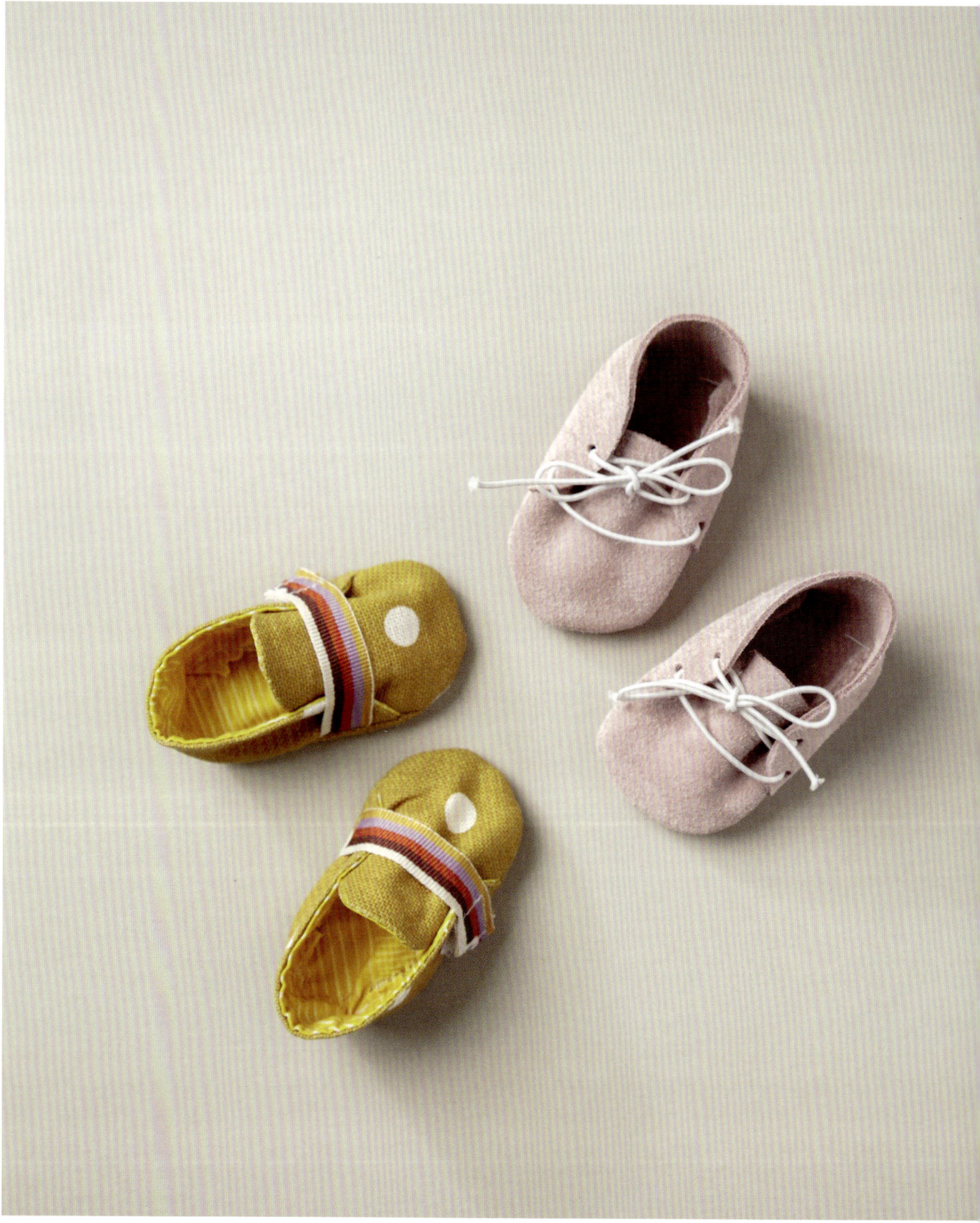

niedliche

SCHUHE

Die süßen Schuhe können in zwei Varianten genäht werden, als Schnürschuhe aus dünnem Puschenleder oder als Klettschuhe aus Canvas, gefüttert mit Baumwolle.

MATERIAL

- Als Material eignet sich dünnes Leder oder Kunstleder oder eine Kombination aus Canvas und gewebter Baumwolle. Für die Schnürvariante wird eine Lochzange, 2 Stück dünne Gummikordel, je ca. 40cm benötigt.

GRÖSSE

Die Schuhe gibt es leider nur für die mittlere und die große Puppengröße, da die kleinen Puppen so kleine Füße haben, dass es kaum möglich ist, dafür einen Schuh zu nähen.

Größe	Fußlänge ca. 6 cm	Fußlänge ca. 7,5 cm
Stoffverbrauch Außenstoff	10 cm Höhe x 35 cm Breite	12 cm Höhe x 35 cm Breite
ggf. Stoffverbrauch Innenstoff	10 cm Höhe x 35 cm Breite	12 cm Höhe x 35 cm Breite
ggf. Webband 1 cm breit (Klettvariante)	2 Stück á 7,5 cm	2 Stück á 9 cm

ZUSCHNITT

Wer die Schuhe aus gewebten Stoffen nähen möchte, benötigt einen Außen- und einen Innenstoff. Rundum 5 mm Nahtzugabe zugeben.

Wenn du die Schuhe aus Leder nähst, benötigst du keinen Innenstoff. Außerdem musst du an den äußeren Kanten keine Nahtzugabe dazugeben, nur an den Nähten.

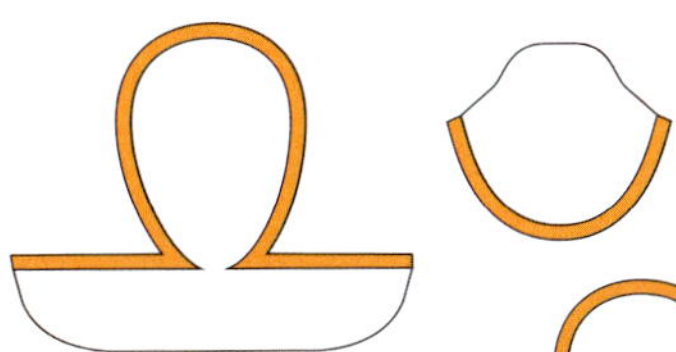

Zuschnitt: Leder

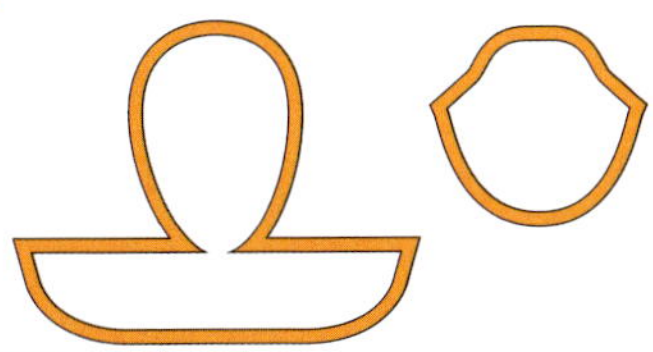

Zuschnitt: Webware

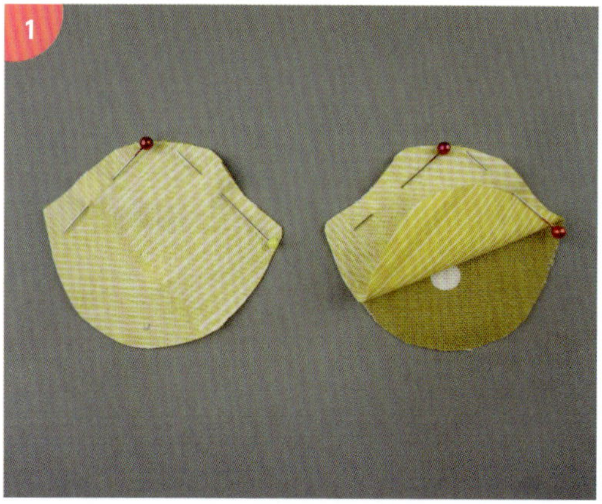

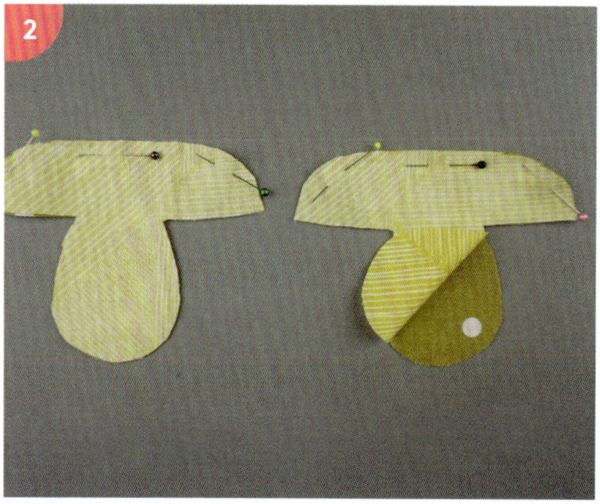

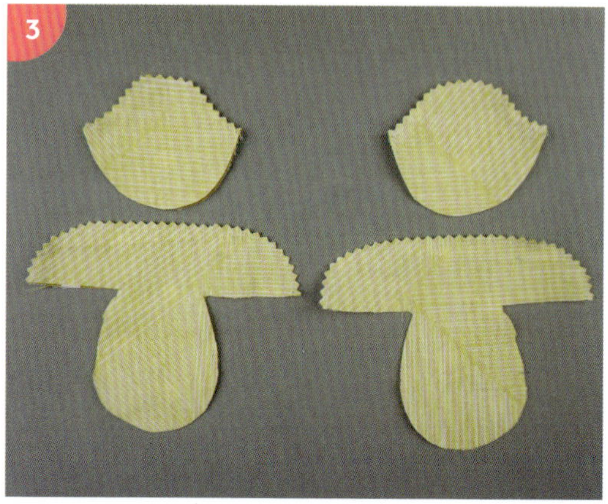

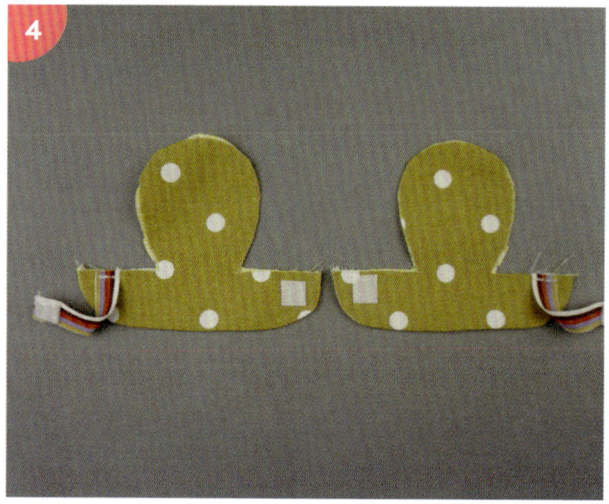

Die ersten 4 Nähschritte sind nur relevant, wenn die Schuhe gefüttert genäht werden.

1 Für die Kappen jeweils ein Teil aus Außenstoff und eins aus Innenstoff rechts auf rechts entlang der oberen geschwungenen Kurve aufeinanderstecken und mit 5 mm Nahtzugabe zusammennähen.

2 Für Sohlen/Fersen je ein Teil aus Außenstoff und eins aus Innenstoff entlang der oberen Kante der Ferse zusammennähen.

3 Nahtzugaben mit der Zickzackschere zurückschneiden (oder mehrmals einschneiden) und die Teile wenden, Kanten bügeln.

4 An eine Seite der Fersen das Webband, mit 1 cm Abstand zur Spitze annähnen. Das Webbandende 1 cm nach links umschlagen. Einen Teil des Klettbands so aufnähen, dass das umgeschlagene Ende verdeckt wird. Das Gegenstück an die andere Seite der Ferse, mit 1 cm Abstand zur Spitze und 5 mm Abstand zur offenen Kante, nähen.

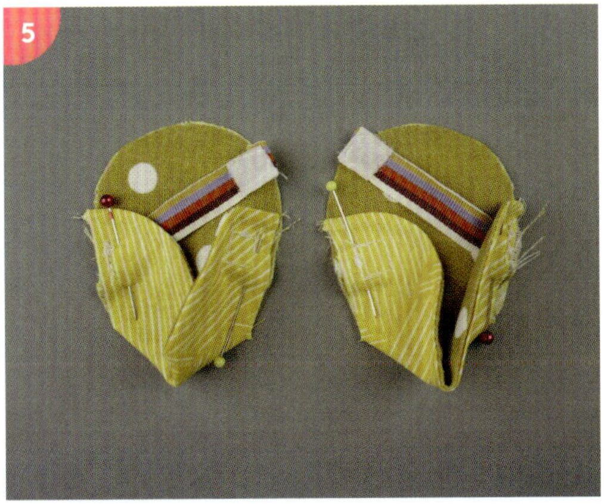

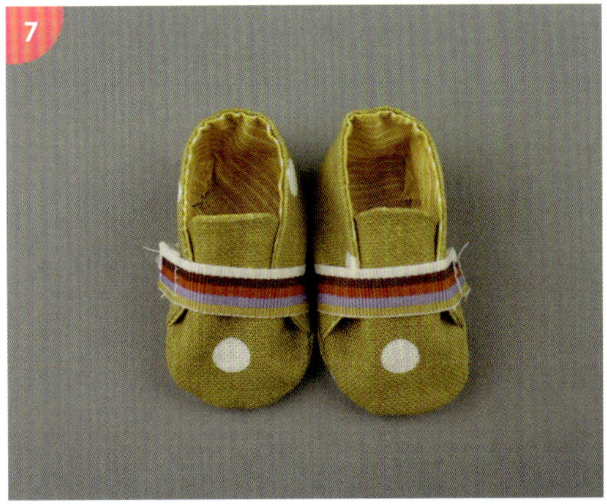

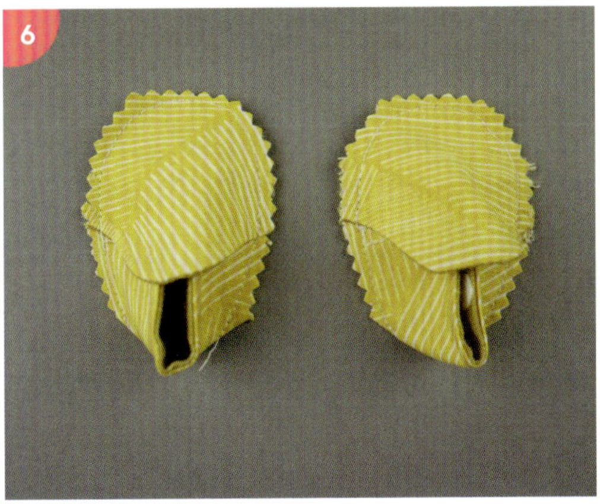

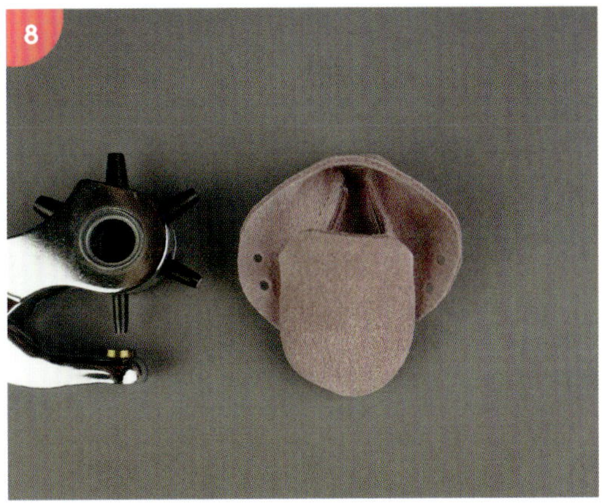

Beim zweiten Schuh das Ganze spiegelverkehrt machen.

5 Nun werden die angeschnittenen Fersenteile rechts auf rechts entlang der Sohle festgesteckt, beim Annähen zur Sohle hin schön flach auslaufen lassen.

6 Anschließend kannst du mittig an die Sohlenspitze die Kappe rechts auf rechts stecken und festnähen.

7 Danach werden die Schuhe gewendet und die Nähte mit einem stumpfen Gegenstand schön ausgeformt. Die Klettschuhe sind nun schon fertig.

8 Für die Schnürschuhe werden nun noch je zwei Löcher mit einer Lochzange in die Seiten gestanzt, dort kann man anschließend die Gummikordel einziehen.

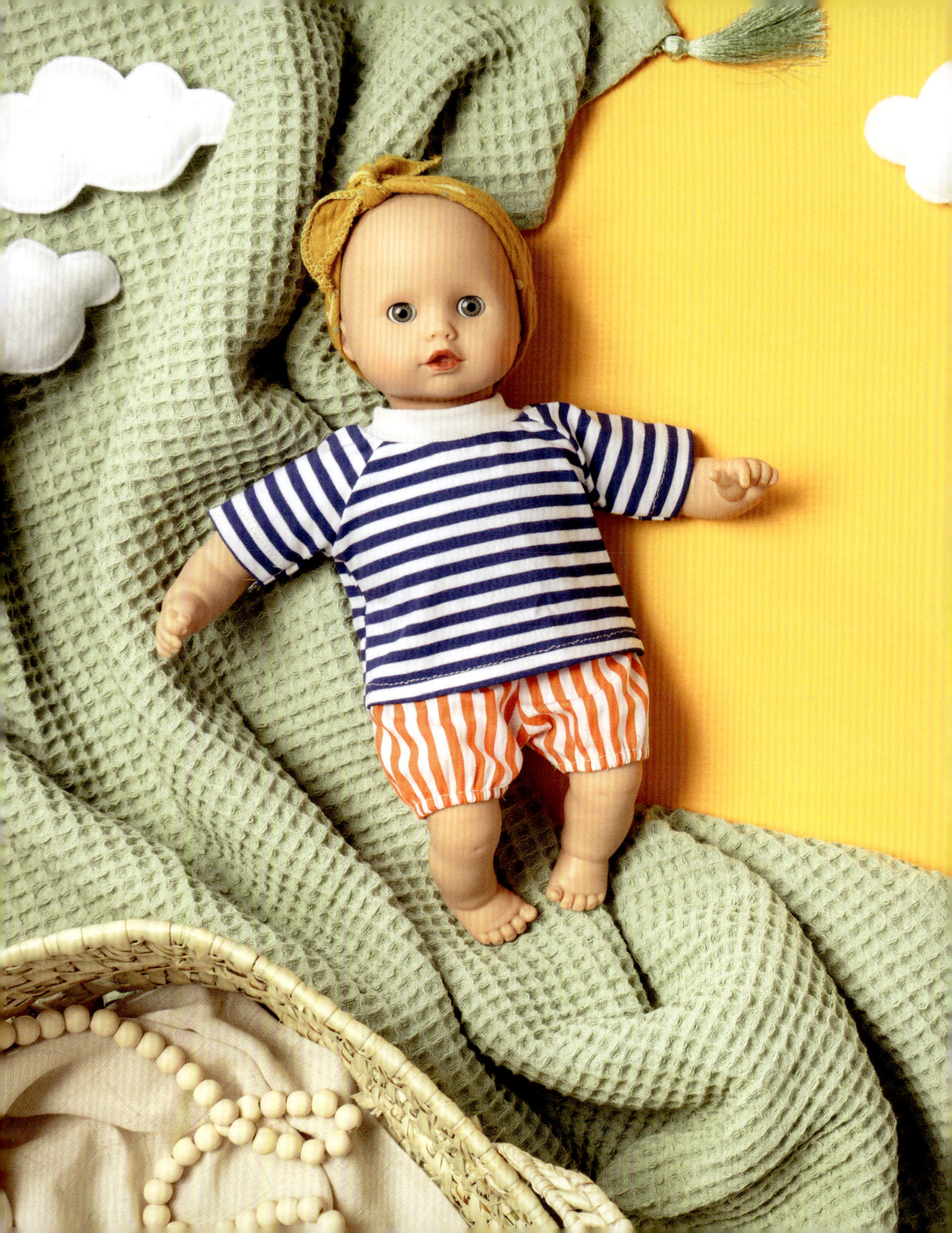

Sommer

Endlich Ferien! Zum Glück nehmen die kurzen Sommersachen nicht so viel Platz im Koffer weg.

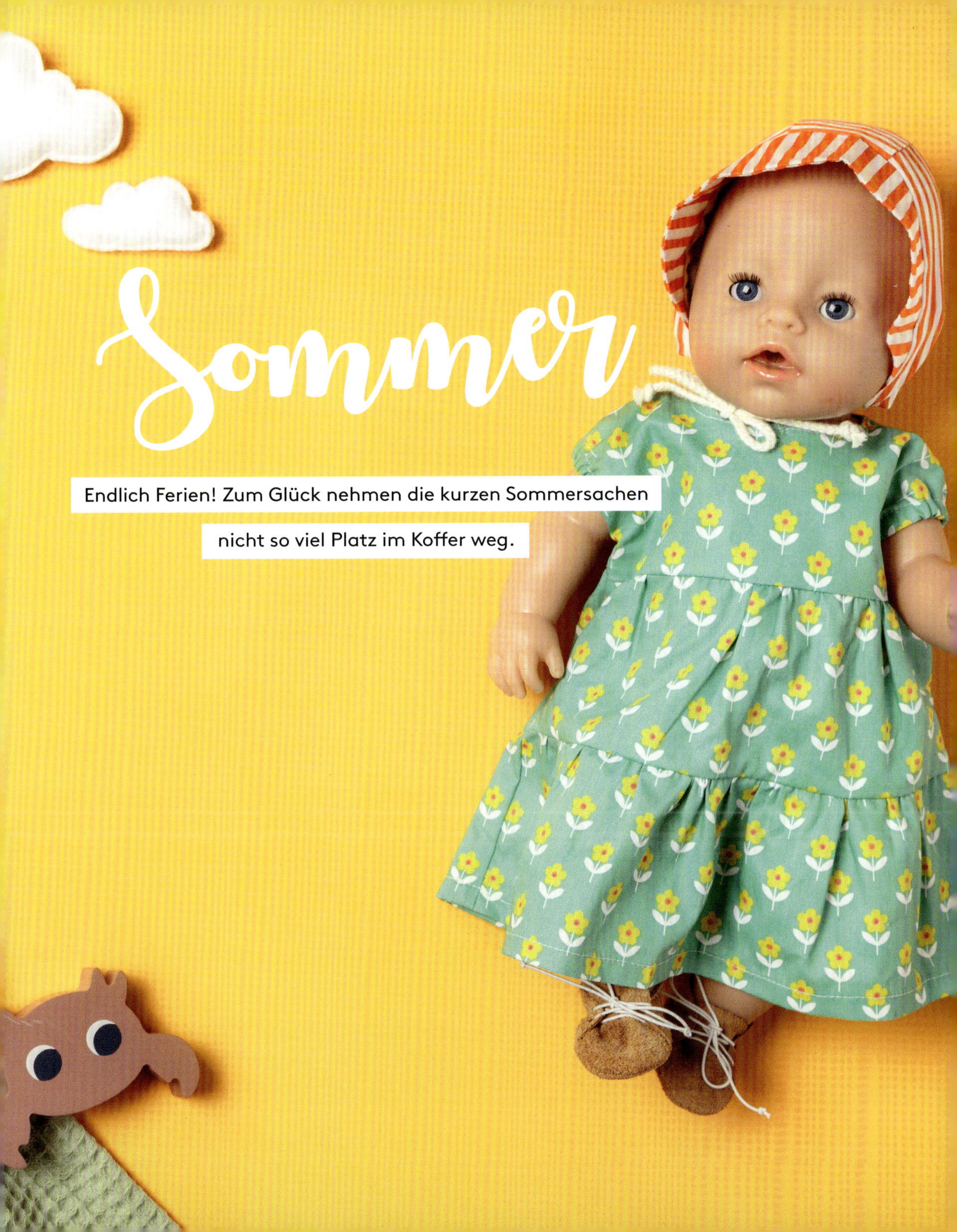

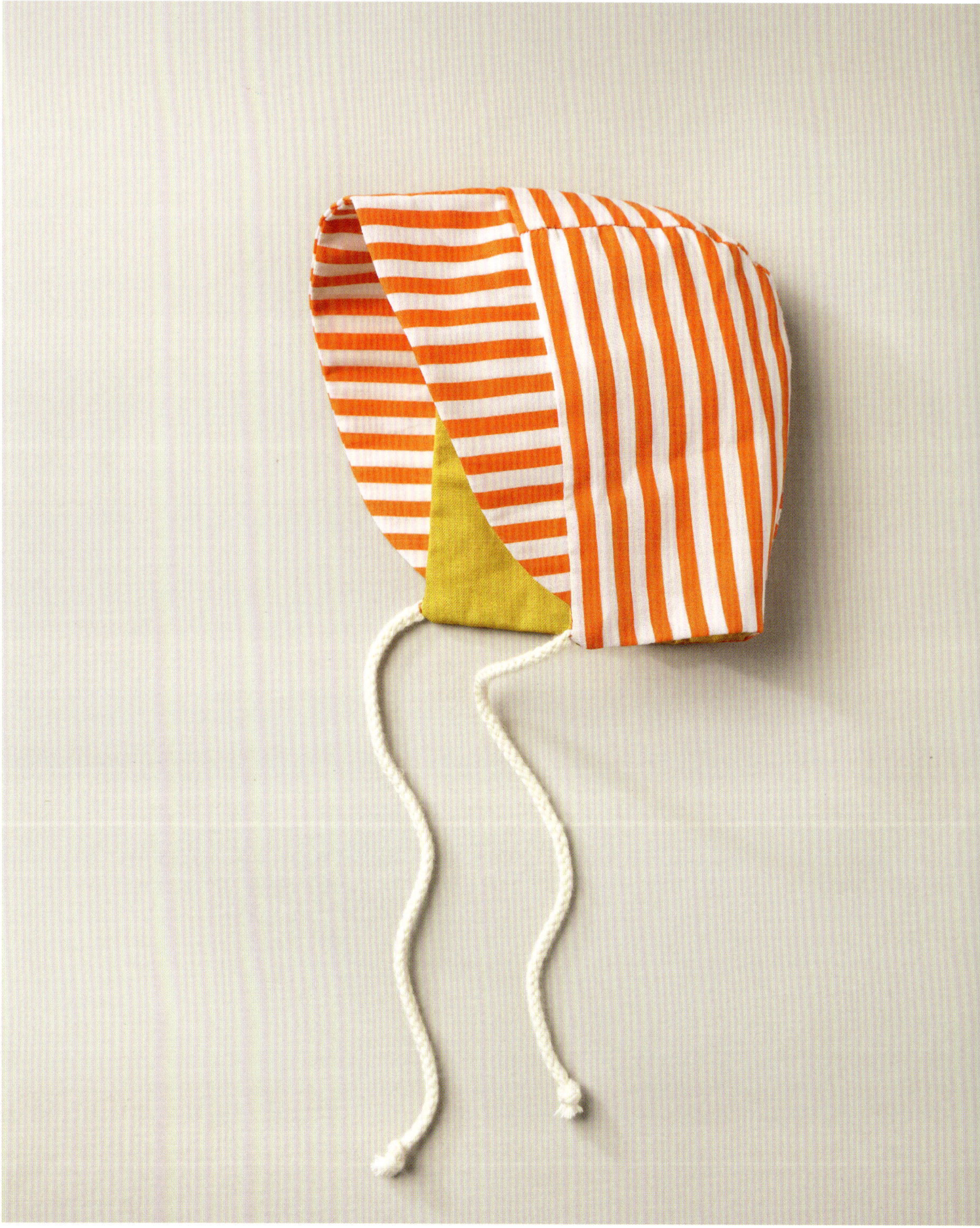

sommerliches

HÄUBCHEN

Der süße Sonnenhut ist ein ganz besonderer Hingucker und dabei so einfach zu nähen.

MATERIAL

- Als Material eignen sich gewebte Baumwollstoffe, Musselin und Leinen.
- 2x 15 cm Kordel oder Schnur.

GRÖSSE

Beachte bei der Größenwahl den Kopfumfang deiner Puppe, dieser kann sich nämlich von der sonstigen Größe unterscheiden. Hier wie folgt gestaffelt: 28 bis 31 cm, 32 bis 33 cm und 34 bis 36 cm.

Größe (nach Kopfumfang)	28 bis 31 cm	32 bis 33 cm	34 bis 36 cm
Stoffverbrauch Außenstoff	25 cm Höhe x 30 cm Breite	30 cm Höhe x 35 cm Breite	30 cm Höhe x 40 cm Breite
Innenstoff	20 cm Höhe x 30 cm Breite	25 cm Höhe x 35 cm Breite	25 cm Höhe x 40 cm Breite

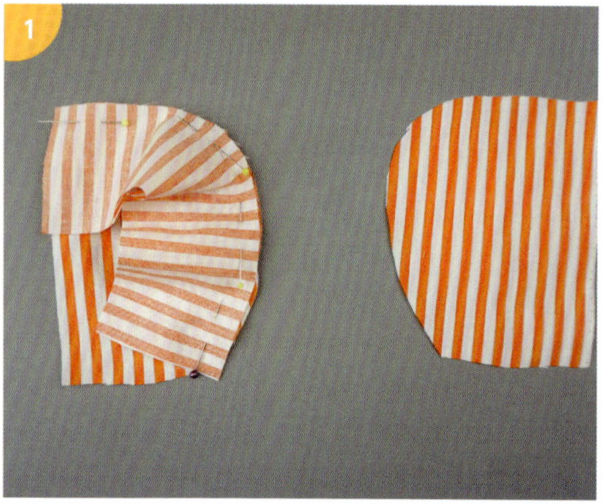

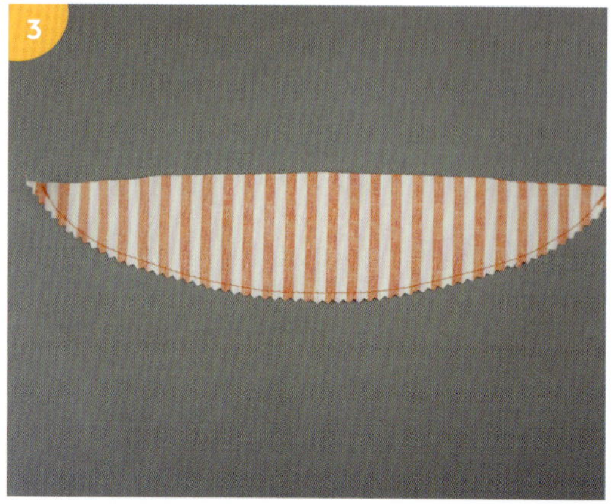

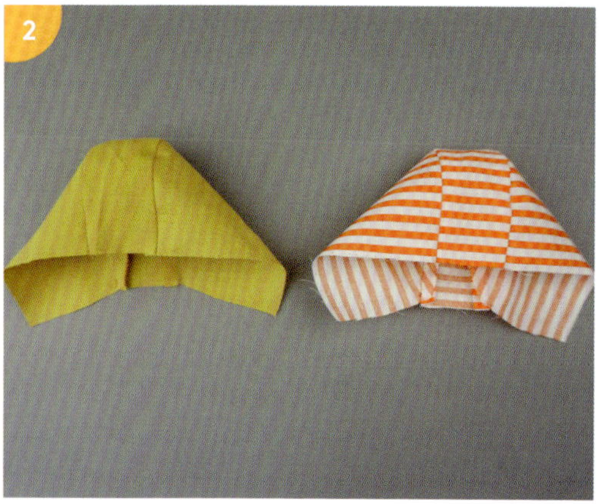

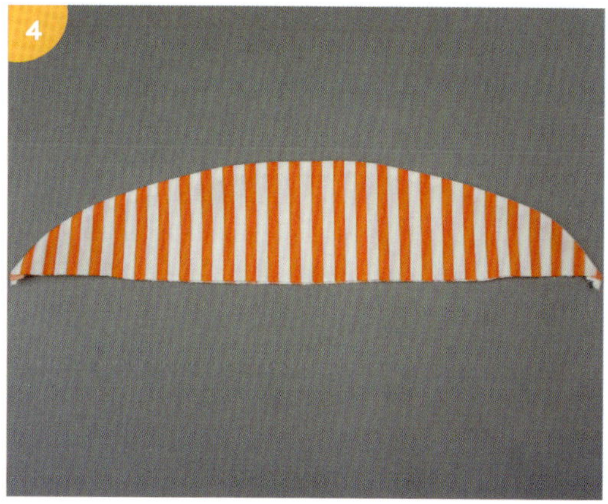

1 Wir beginnen mit dem Außenstoff. Das Mittelteil rechts auf rechts entlang der Rundung an ein Seitenteil stecken, am leichtesten ist es, wenn du zuerst die Enden und die geraden Strecken steckst und anschließend die Rundung. Die andere Seite des Mittelteils kommt genauso rechts auf rechts ans zweite Seitenteil.

2 Diesen Arbeitsgang kannst du nun auch mit dem Innenstoff wiederholen, so dass du zwei Häubchenteile fertig hast.

3 Für den Schirm werden die beiden Schirmteile entlang der Rundung rechts auf rechts zusammengesteckt und -genäht. Vor dem Wenden die Nahtzugabe einschneiden oder mit der Zackenschere zurückschneiden.

4 Nun kannst du den Schirm wenden, die Kante schön bügeln und absteppen.

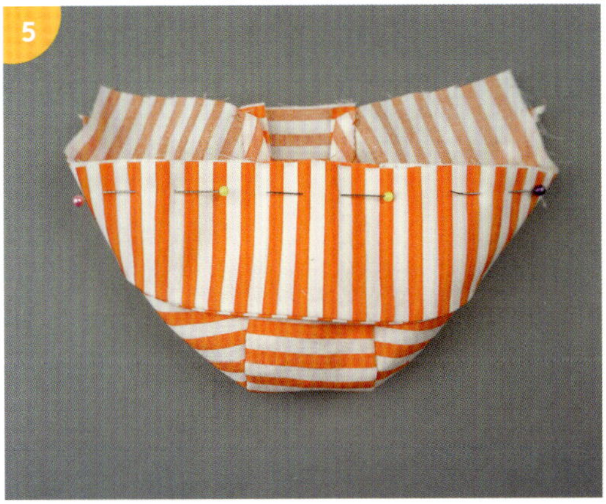

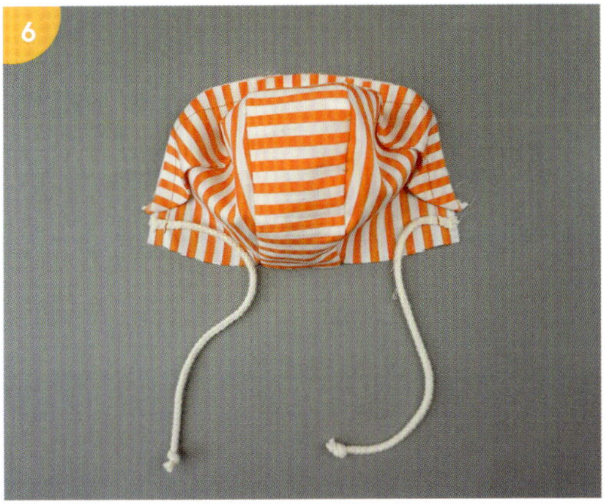

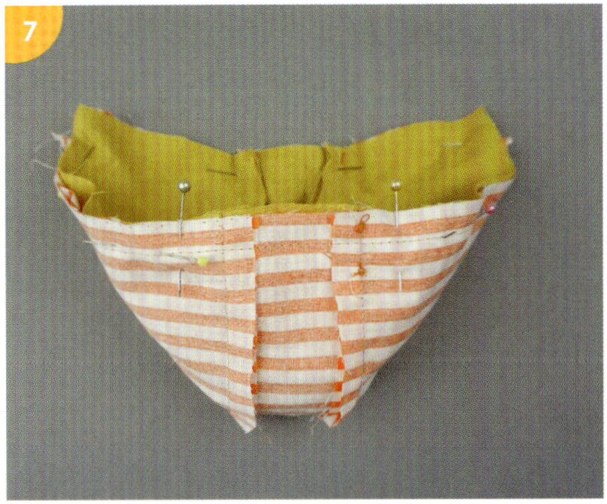

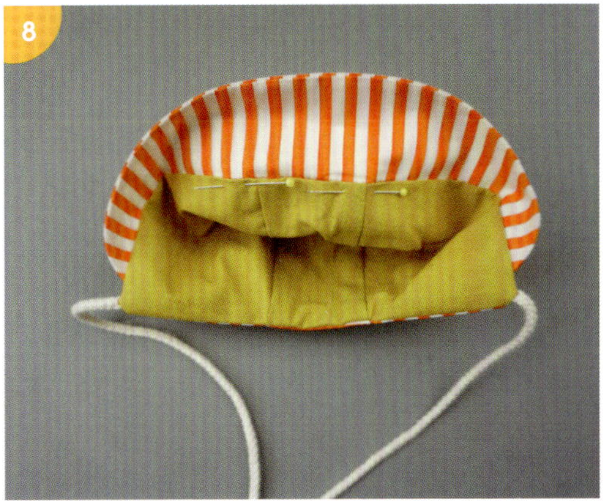

5 Der Schirm wird nun mittig an der vorderen, geraden Kante des Häubchens aus Außenstoff rechts auf rechts festgesteckt und mit 1 cm Nahtzugabe angenäht.

6 In die Ecken unterhalb des Schirms jeweils ein Stück Kordel feststecken, das lange Ende zeigt dabei zum Stoff hin. Die Kordeln annähen.

7 Nun werden der Schirm und die Kordeln nach innen zum Häubchen geklappt und das Teil aus Innenstoff rechts auf rechts rundum an das Häubchen aus Außenstoff gesteckt, der Schirm und die Kordel liegen innen zwischen den Stofflagen.

8 Lass beim Zusammennähen bitte im Bereich des Schirms eine ca. 5 cm große Wendeöffnung. Durch sie kannst du zum Schluss das Häubchen wenden, die Kanten schön bügeln und die Wendeöffnung von Hand zunähen.

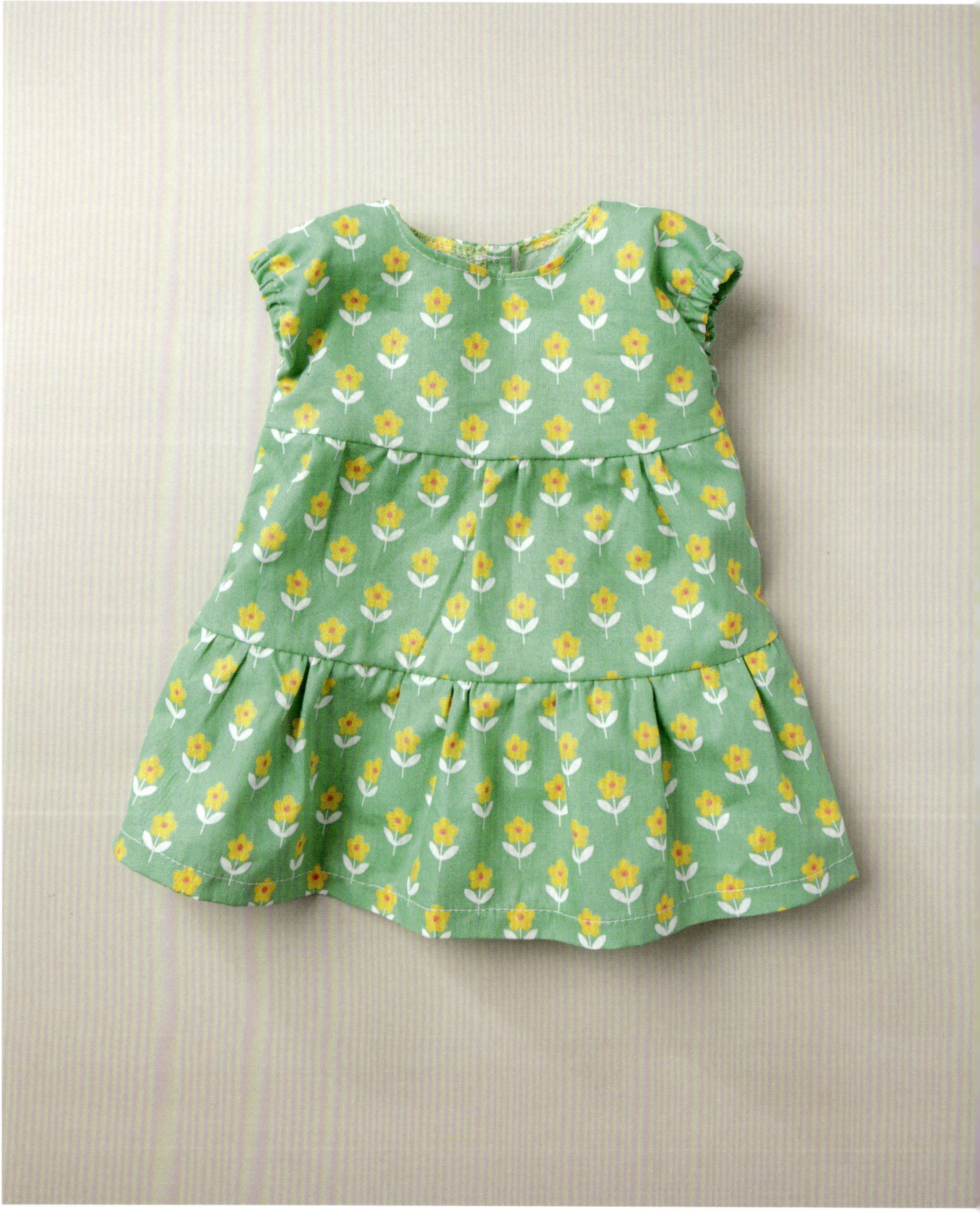

fröhliches

RÜSCHENKLEID

Mit seinen gekräuselten Rockstufen und den Puffärmelchen ist das Rüschenkleid ein zauberhaftes Prinzessinnenkleid.

MATERIAL

- Als Material eignen sich weiche gewebte Stoffe wie Batist oder Musselin.
- Klettband oder Druckknopf, ggf. Bänder, Knöpfe, Zackenlitze etc. zum Verzieren.

Größe	32-37 cm	38-43	44-48
Stoffverbrauch	30 cm Höhe x 90 cm Breite	35 cm Höhe x 100 cm Breite	35 cm Höhe x 110 cm Breite
Gummiband 5 mm breit	2 Stück á 10 cm	2 Stück á 12 cm	2 Stück á 14 cm

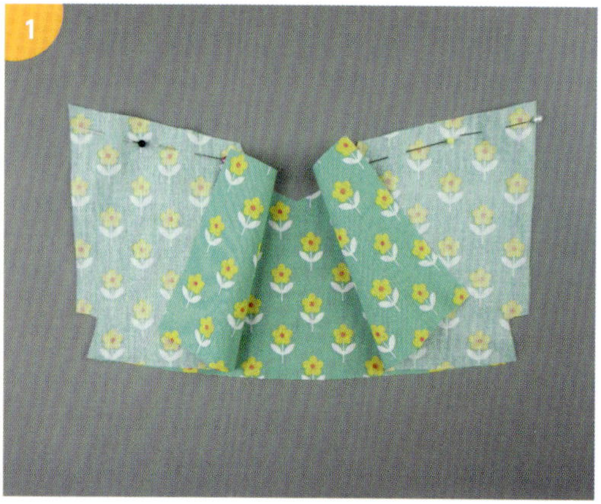

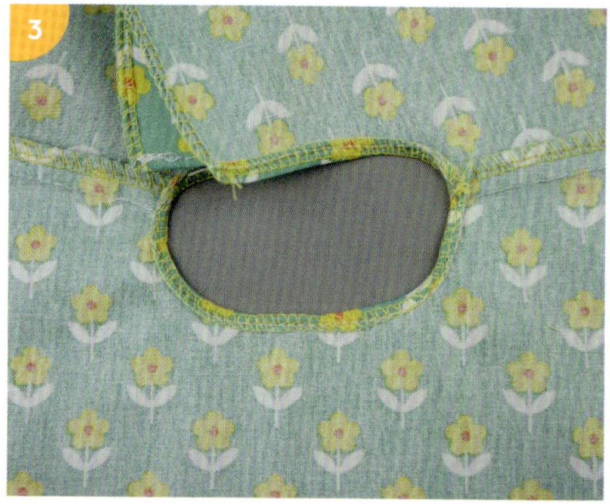

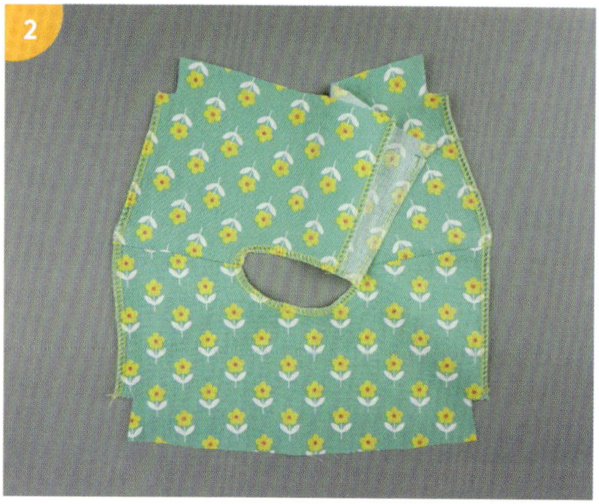

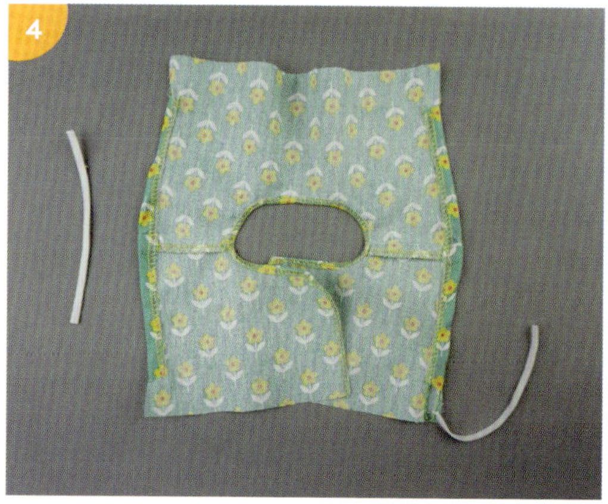

1 Das Vorderteil und die beiden Rückteile werden rechts auf rechts an der Schulter zusammengenäht, die Nahtzugabe versäubert und zu den Rückteilen hingebügelt.

2 Anschließend die Armsäume, das Halsloch und die Knopfleistenkanten versäubern.

3 Die Versäuberungsnaht des Halslochs nach links umbügeln und absteppen. Optional die Nahtzugabe wegschneiden und das Halsloch mit Schrägband einfassen (siehe Seite 62).

4 Die Armsäume je 1 cm nach links umbügeln, an der inneren Kante absteppen. Durch die Tunnel Gummi einziehen, Enden gut fixieren.

5 Die Nahtzugabe der Knopfleisten nach links bügeln und absteppen. Die Knopfleisten übereinanderlegen und am Saum knappkantig zusammennähen. Am Halsloch ein Klettband oder einen Druckknopf anbringen.

6 Beide Teile „Rockstufe 1" oben einkräuseln, dazu einen Geradstich mit Länge 5 einstel-

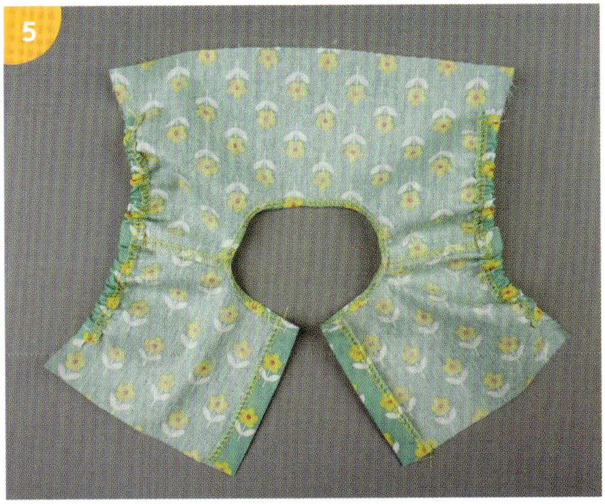

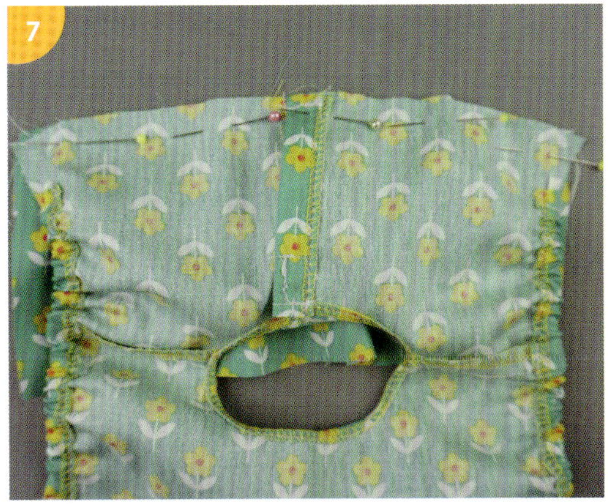

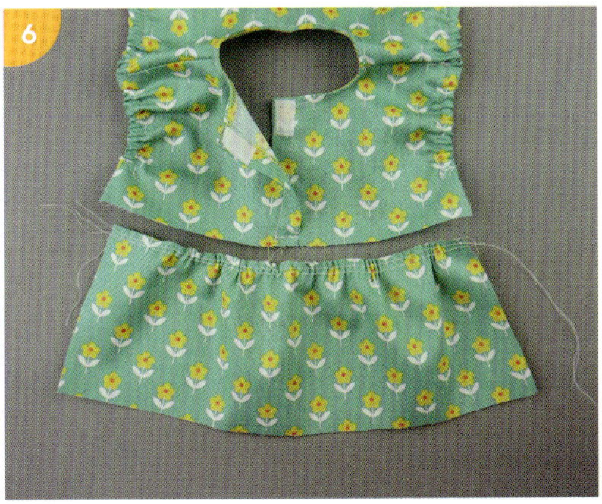

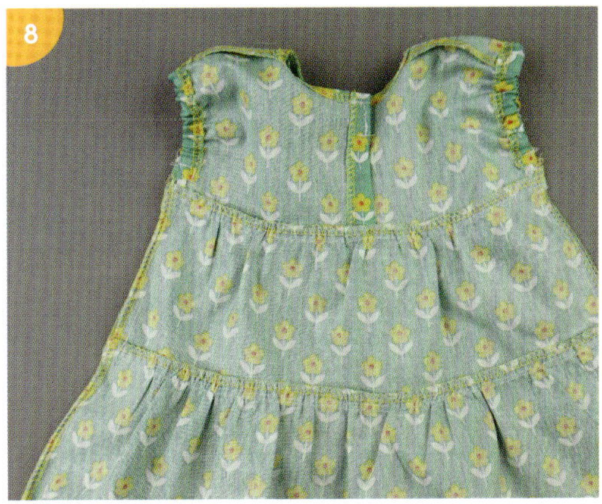

len, die langen Fäden beim Nähen anfangs festhalten. 2 Nähte nebeneinander setzen, mit 5 mm und 7 mm Abstand zur Kante, nicht verriegeln. An zwei Oberfäden ziehen, der Stoff schiebt sich zusammen und kräuselt sich. Wenn Rockbahn und untere Kante des Rückteils die gleiche Breite haben, Enden verknoten und Kräusel gleichmäßig verteilten.

7 Das Oberteil mit der unteren Kante rechts auf rechts auf die Kräuselkante stecken, zusammennähen, die Nahtzugabe versäubern und zum Oberteil hinbügeln. Beim Nähen liegt der gekräuselte Stoff unten, so verschieben sich die Kräusel nicht. Im gleichen Prinzip mit der anderen Rockstufe 1 und dem Vorderteil sowie mit Rockstufe 2 verfahren.

8 Die Seitennähte von Vorder- und Rückteil zusammennähen, versäubern und die Nahtzugabe zum Rückteil bügeln. Am Ärmel läuft die Naht aus, wo der Gummi beginnt. Zum Schluss den Saum versäubern, die Nahtzugabe nach links bügeln und absteppen.

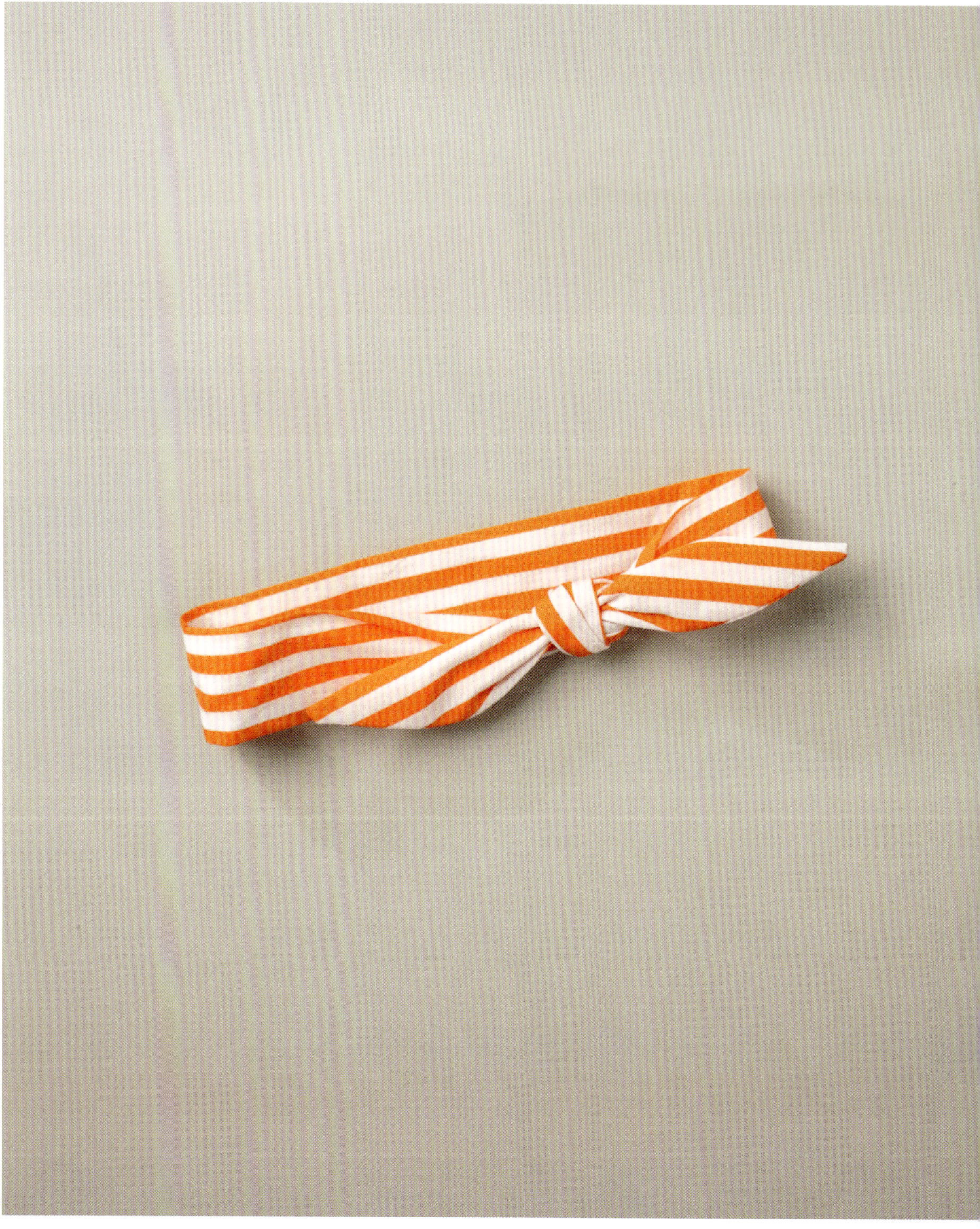

schickes

HAARBAND

Ein schnell genähtes Accessoire, das jedem Outfit das i-Tüpfelchen verleiht.

MATERIAL

- Als Material eignen sich weiche gewebte Stoffe wie Batist und Musselin, aber auch Jersey.

Größe	32-37 cm	38-43	44-48
Stoffverbrauch	8 cm Höhe x 50 cm Breite	10 cm Höhe x 60 cm Breite	10 cm Höhe x 65 cm Breite

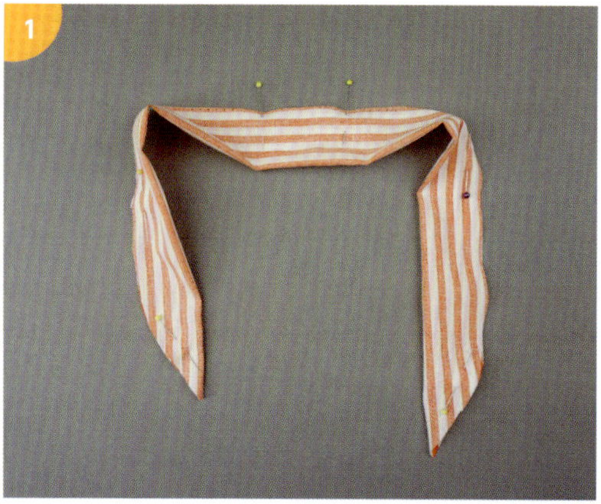

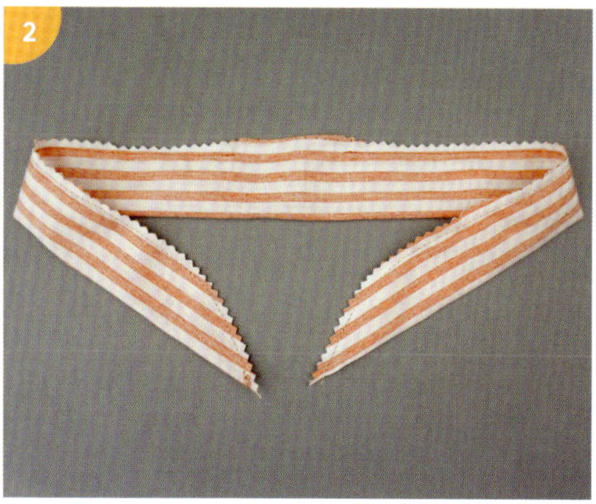

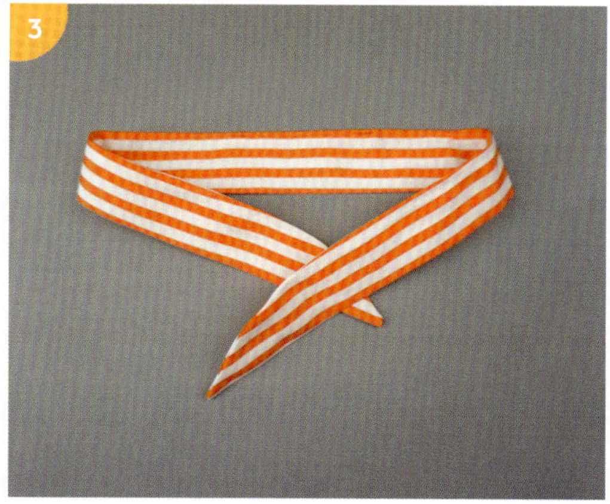

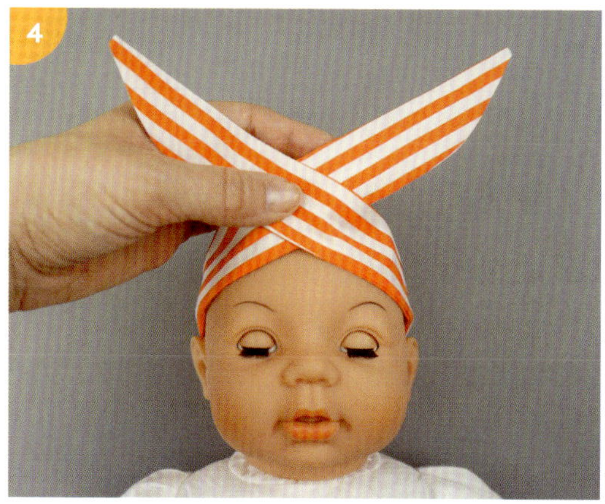

1 Zu Beginn musst du das Haarband einmal der Länge nach umklappen, so dass die rechte Stoffseite innen liegt, die Schnittkanten aufeinander, an den Enden bilden sich Spitzen. Zusammenstecken und nur in der Mitte eine 5 cm große Öffnung lassen.

2 Bis auf die Öffnung zusammennähen und anschließend die Nahtzugabe etwas zurückschneiden, zum Beispiel mit der Zackenschere.

3 Nun kannst du das Haarband mit einem langen Gegenstand (z. B. Löffelstiel) wenden, die Kanten schön bügeln und die Öffnung zunähen.

4 Gebunden wird das Haarband am Puppenkopf. Dazu schlingst du es einmal um den Kopf, vorne überlappen die Enden, das von rechts kommende Ende liegt oben.

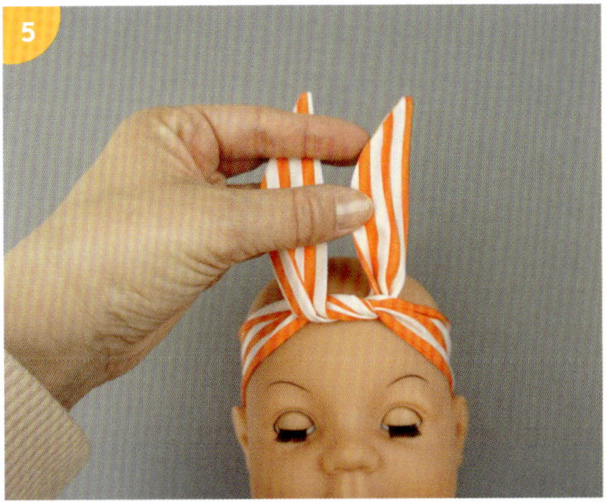

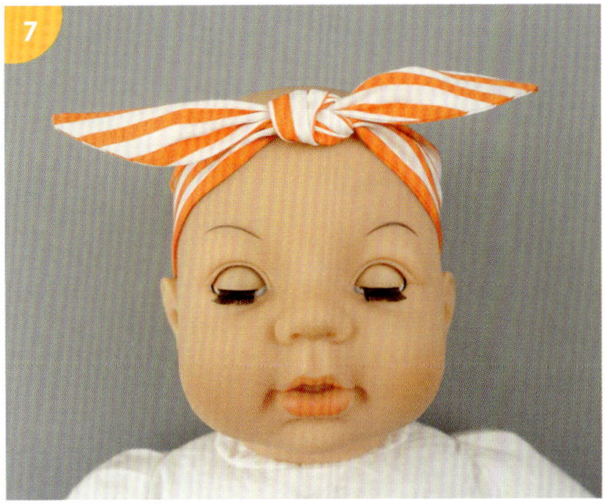

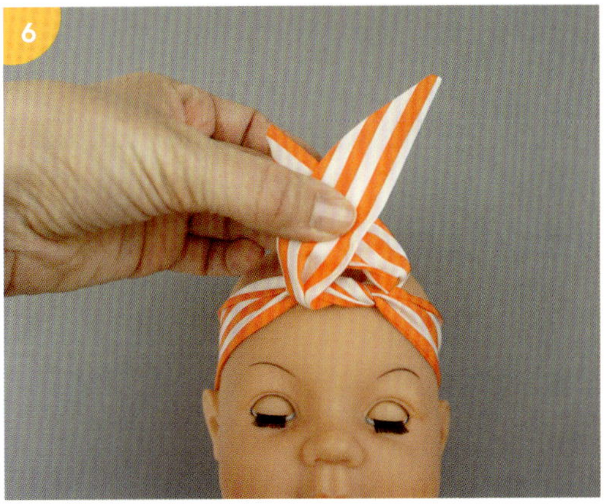

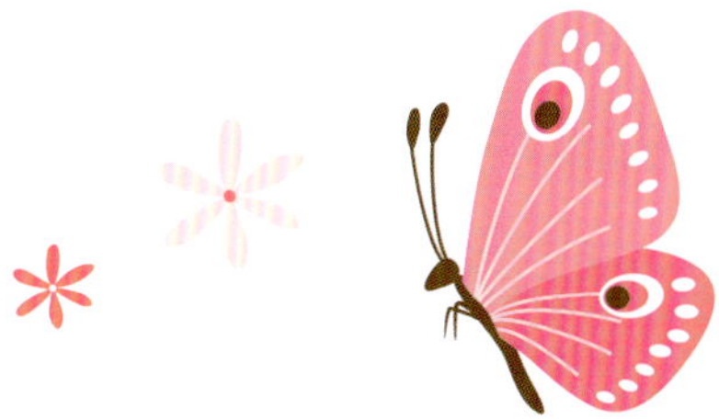

5 Nun das hinten liegende Ende von vorne unter dem vorne liegenden Ende durchziehen und wieder zur rechten Seite ziehen. Der erste Knoten ist entstanden.

6 Jetzt wird das aktuell linke Ende über das rechte gelegt.

7 Nun das vorne liegende Ende von hinten unter dem hinten liegenden Ende durchziehen und wieder zur rechten Seite ziehen. So entsteht ein schön flacher Doppelknoten.

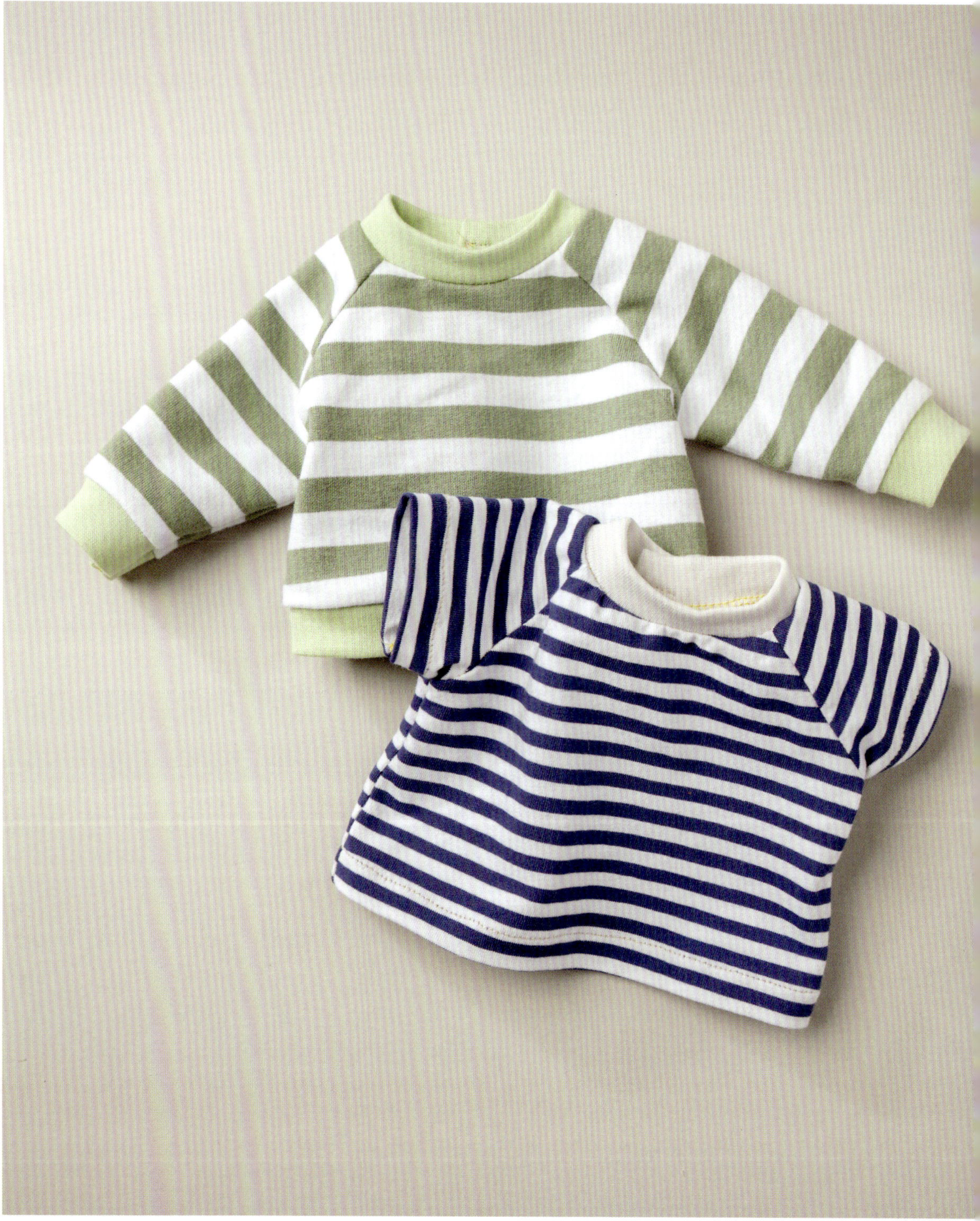

supercooler

PULLOVER/T-SHIRT

Hier kommt ein Schnitt fürs ganze Jahr, ob mit langen Ärmeln oder kurz, mit Bündchen oder ohne.

MATERIAL

- Als Material eignen sich elastische Stoffe wie Sweat, Sommersweat oder Jersey. Zusätzlich benötigt man noch etwas Bündchenstoff.

ZUSCHNITT

Bitte beachte beim Schnitt die verschiedenen Saumlinien: Wenn du ein Bündchen annähen willst, dann musst du die Bündchenlinie wählen, bei kurzen Ärmeln die T-Shirt-Linie. Nähst du ohne Bündchen, dann musst du am Ärmelsaum und am Saum 1,5 cm bis 2 cm Saumzugabe hinzugeben.

Größe	32-37 cm	38-43	44-48
Stoffverbrauch	16 cm Höhe x 75 cm Breite	18 cm Höhe x 85 cm Breite	20 cm Höhe x 95 cm Breite

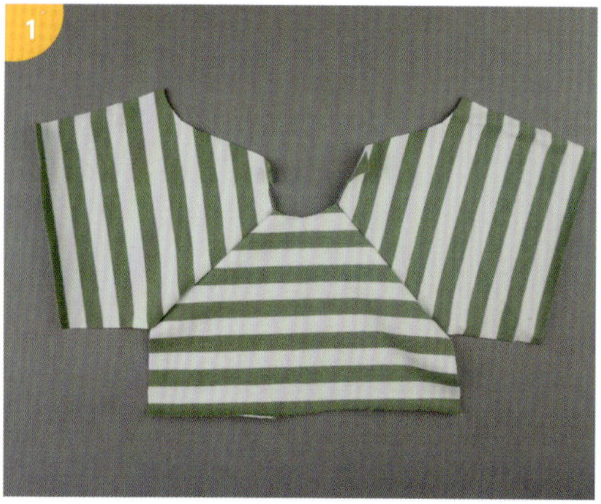

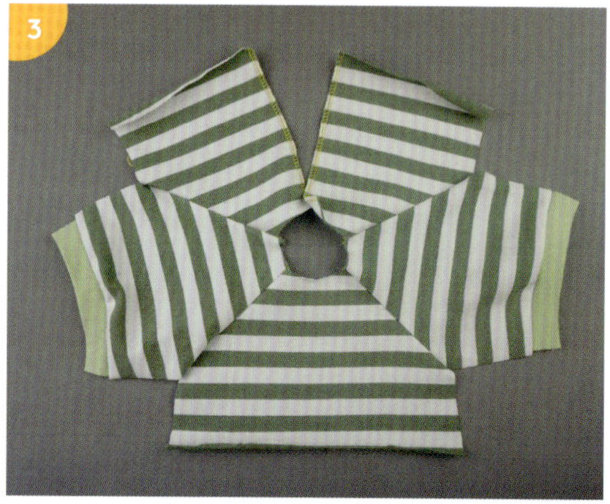

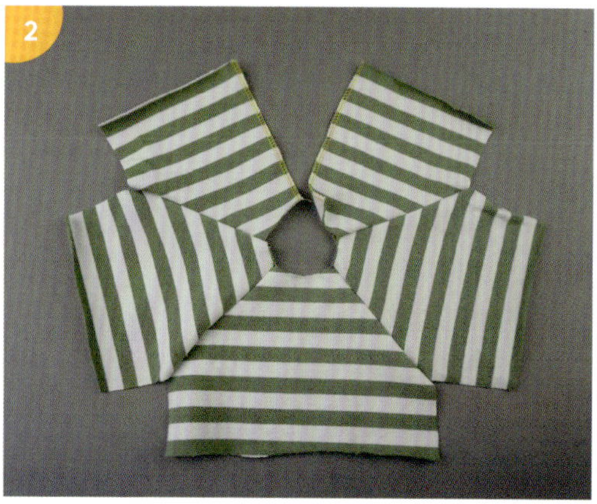

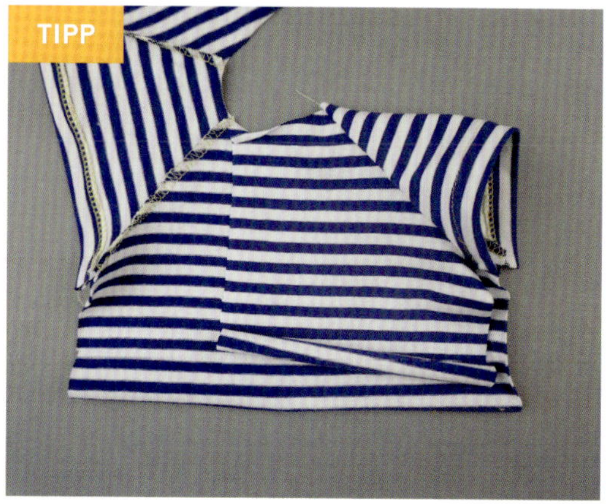

1 Vorderteil und Ärmel rechts auf rechts an den Raglannähten zusammenstecken. Wähle beim Ärmel dazu die Raglannaht ohne Knips. Zusammennähen und die Nahtzugaben zu den Ärmeln hinbügeln.

2 An die noch offenen Raglannähte der Ärmel (mit den Knipsen) kommen nun rechts auf rechts die Rückteile. Wieder annähen und die Nahtzugabe zu den Ärmeln hinbügeln. In einem Rutsch kann die Knopfleistenkante an den Rückenteilen versäubert werden.

3 Jetzt kannst du die Ärmelbündchen einmal der Länge nach in den Bruch bügeln, so dass die rechte Stoffseite außen liegt. Gedehnt an die Armsäume stecken und annähen.

TIPP Wenn du das T-Shirt ohne Bündchen nähst, wird die Nahtzugabe am Ärmelsaum versäubert, die Saumzugabe nach links gebügelt und der Ärmelsaum abgesteppt. Beim Saum funktioniert das nachher genauso (statt Punkt 7).

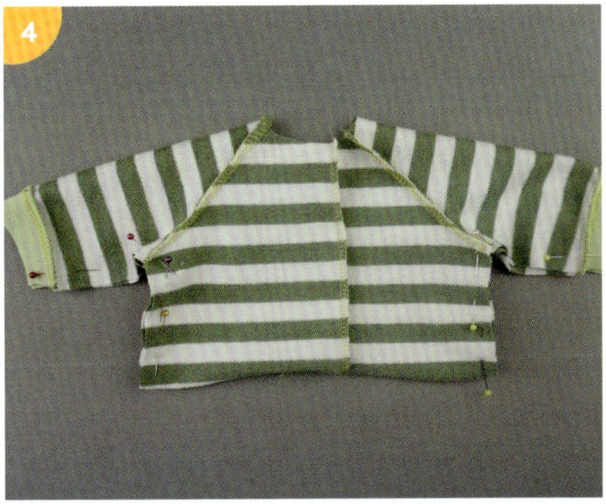

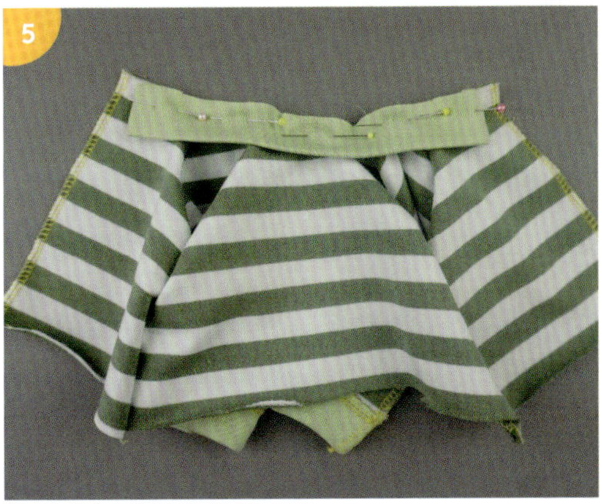

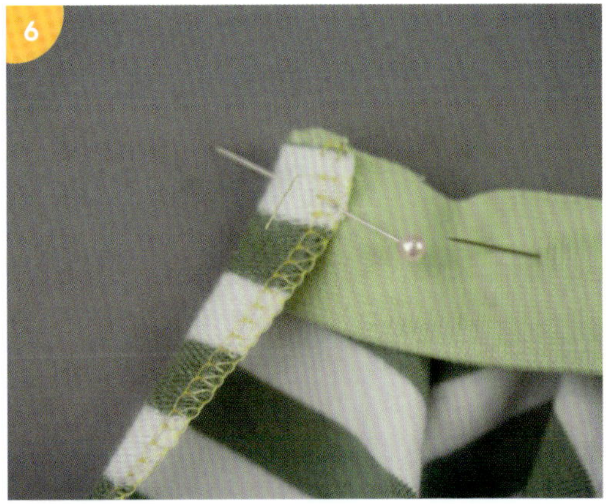

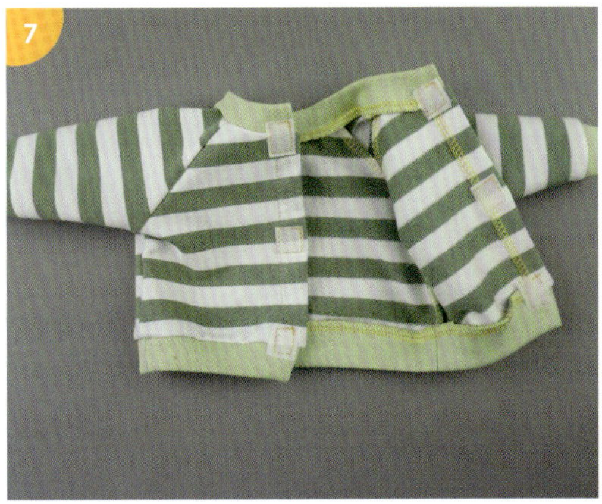

4 Nun die Rückteile rechts auf rechts aufs Vorderteil legen, die Seiten- und Ärmelnähte aufeinanderstecken und zusammennähen.

5 Weiter gehts mit dem Halsbündchen. Klappe die kurzen Enden rechts auf rechts aufeinander und nähe sie knappkantig zusammen. Bündchen wenden und die langen Kanten aufeinanderbügeln. Das Halsbündchen auf die rechte Stoffseite des Halslochs gedehnt feststecken. Dabei unbedingt den ersten und den letzten Zentimeter freilassen.

6 Jetzt kannst du diesen offenen Zentimeter auf beiden Seiten über das Bündchen klappen und es so annähen.

7 Mit dem Saumbündchen wird nun genauso verfahren wie mit dem Halsbündchen: Erst die Ecken abnähen, wenden, dann gedehnt an den Saum stecken, dabei den ersten und letzten Zentimeter offen lassen und diese um das Bündchen klappen. Zum Schluss Druckknöpfe oder Klettband an der Knopfleiste anbringen.

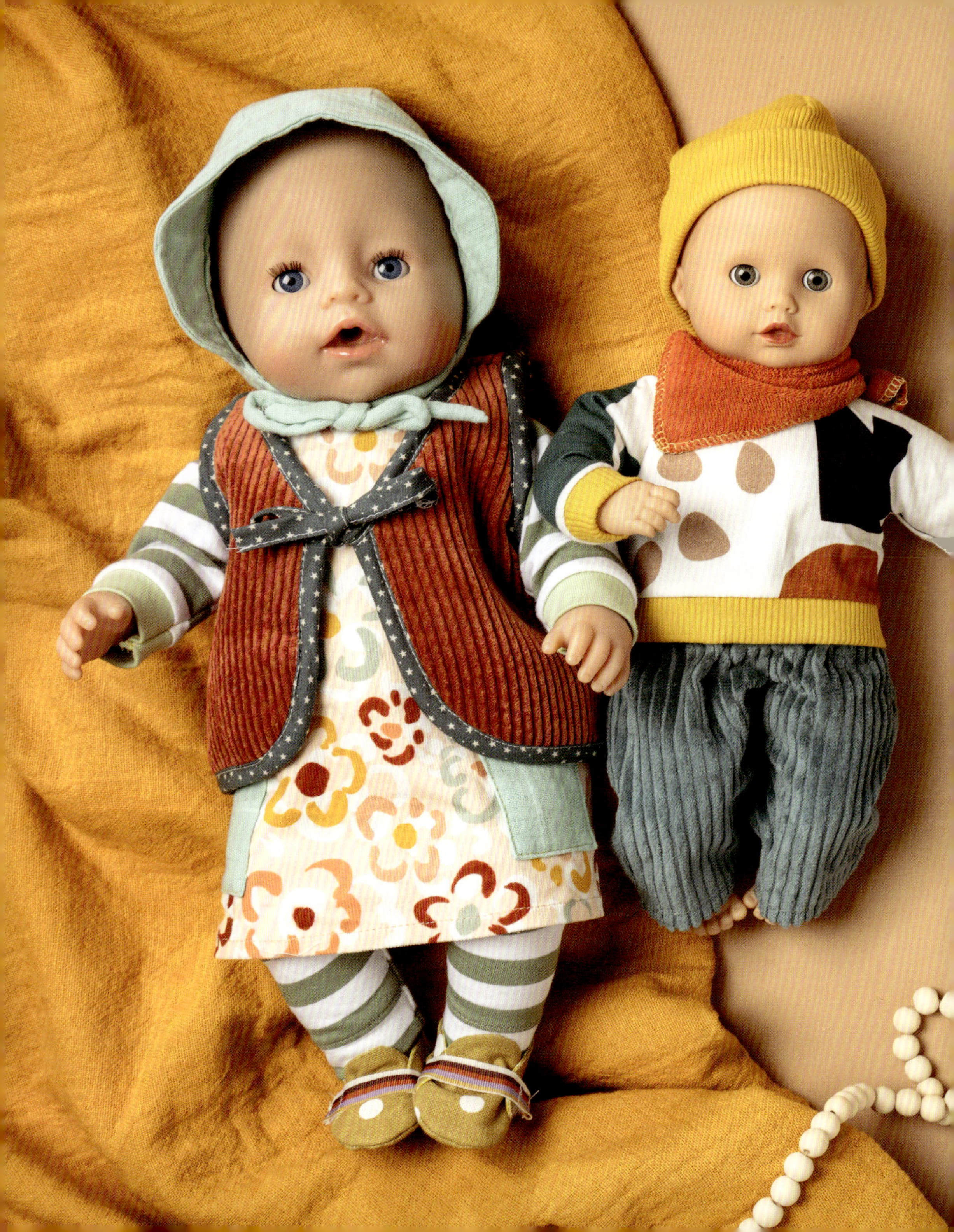

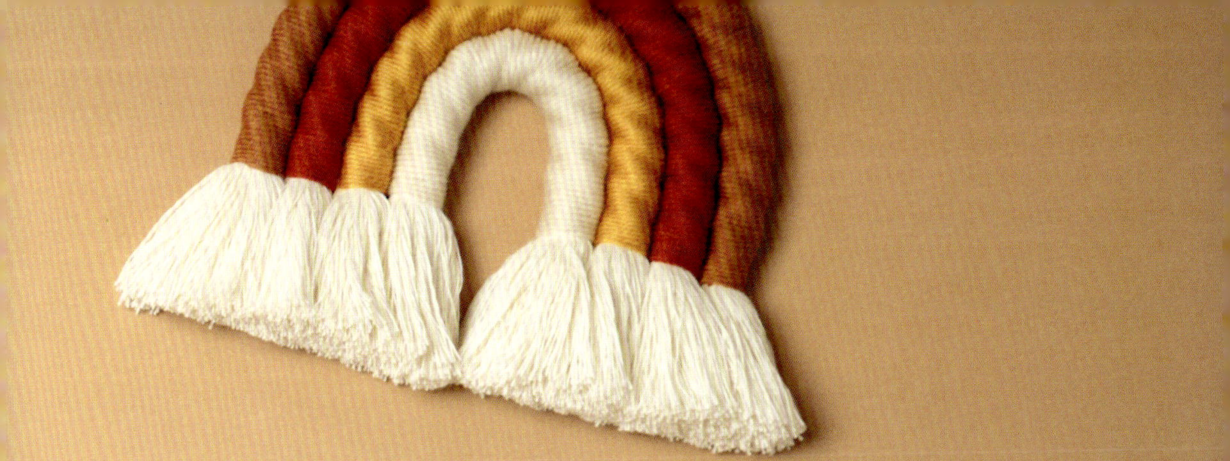

Herbst

Wenn die Tage wieder kürzer werden, muss kuschelige und warme Kleidung her. Dank Leggings und Weste kann man auch die Sommerkleider noch eine Weile weiter tragen.

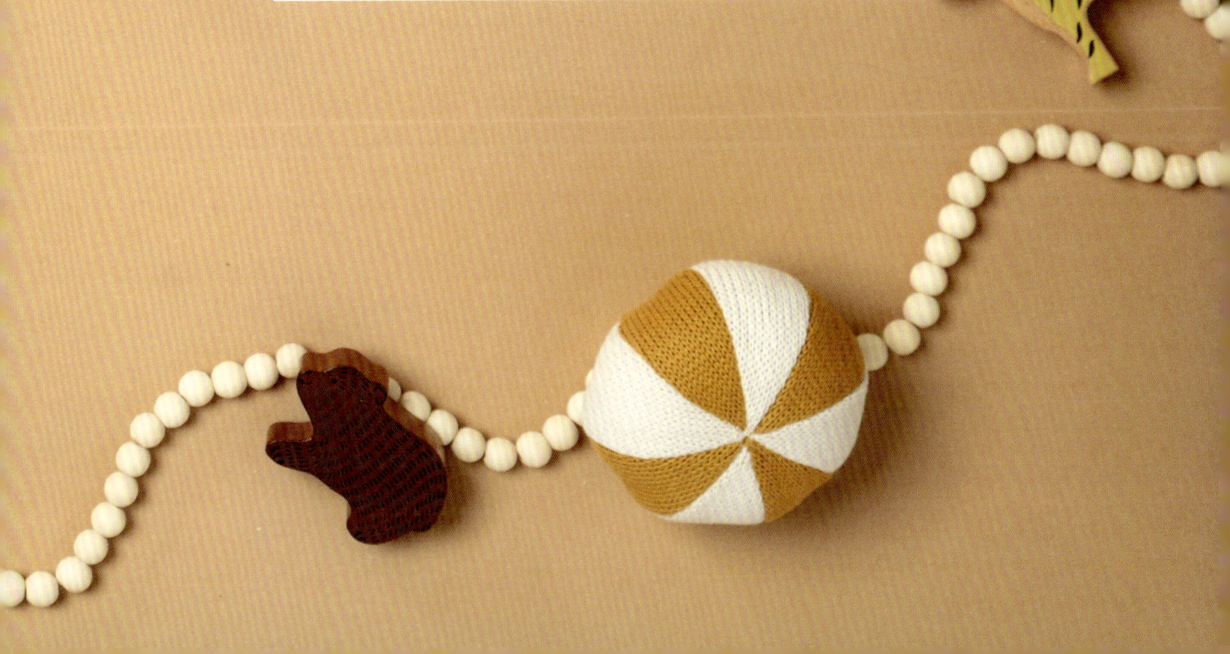

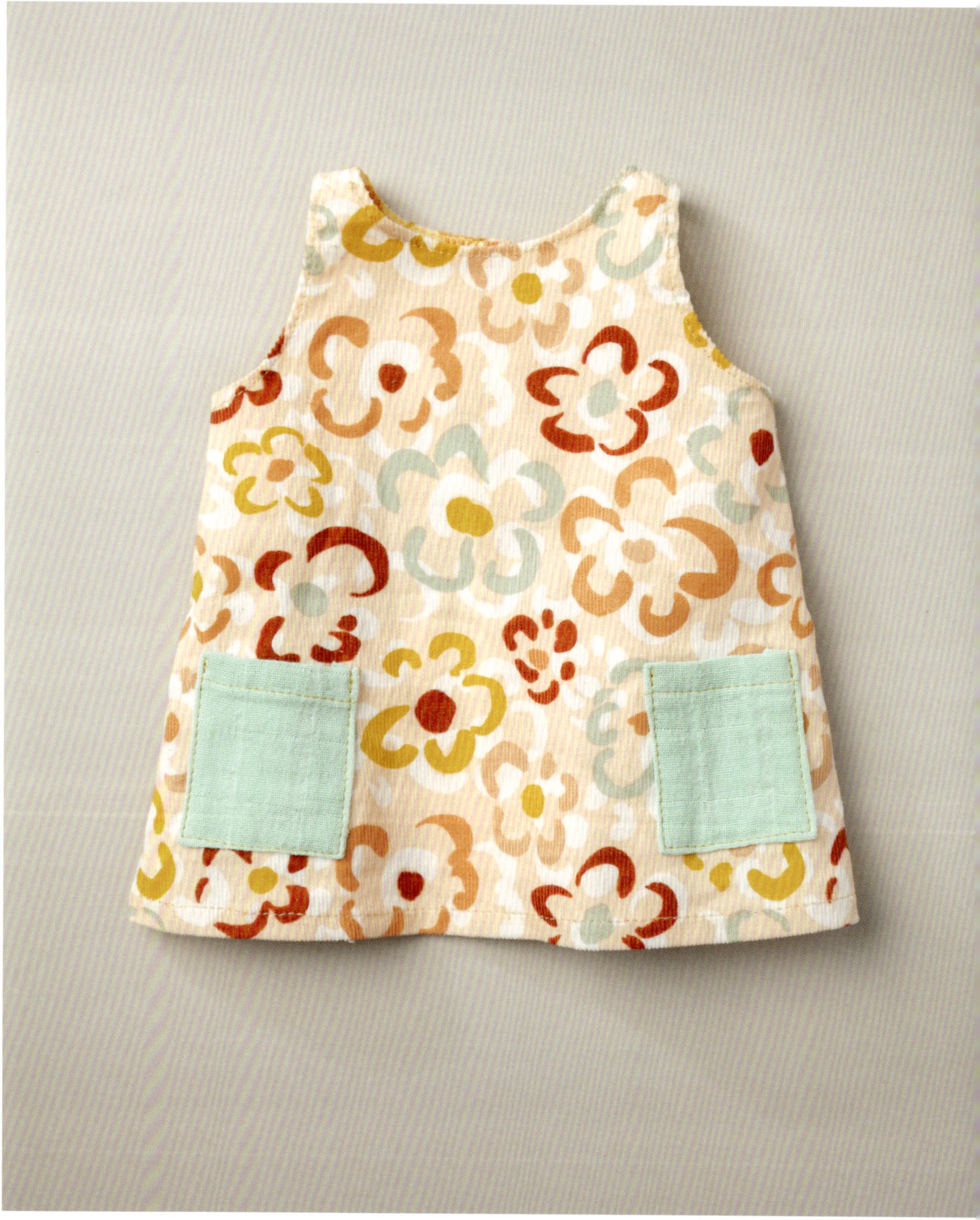

luftiges

KLEID/TOP

Ein Schnitt, der so vieles kann, ob in lang als Kleid oder in kurz als Top oder Unterhemd, dieses Teil ist immer schnell genäht.

MATERIAL

- Als Material eignen sich festere Stoffe wie Cord oder Jeans, aber auch Leinen, Musselin, Baumwolle, Sweat oder Jersey.
- Klettband oder Druckknöpfe, ggf. Bänder, Knöpfe, Zackenlitze etc. zum Verzieren.

Größe	32-37 cm	38-43	44-48
Stoffverbrauch	24 cm Höhe x 60 cm Breite	27 cm Höhe x 65 cm Breite	30 cm Höhe x 70 cm Breite

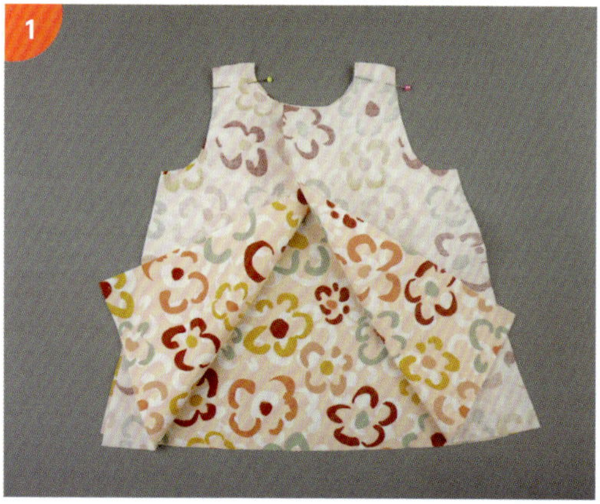

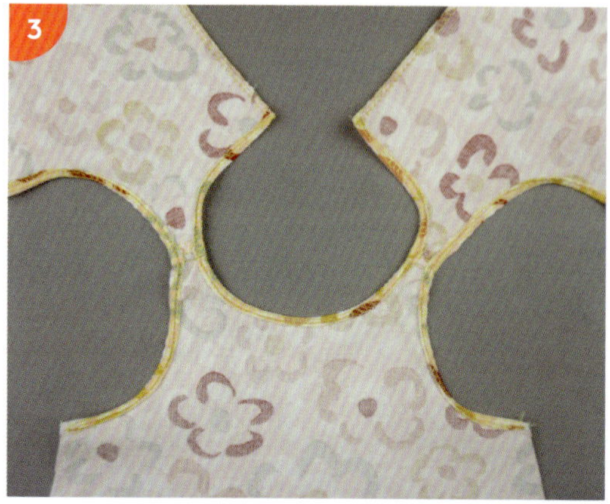

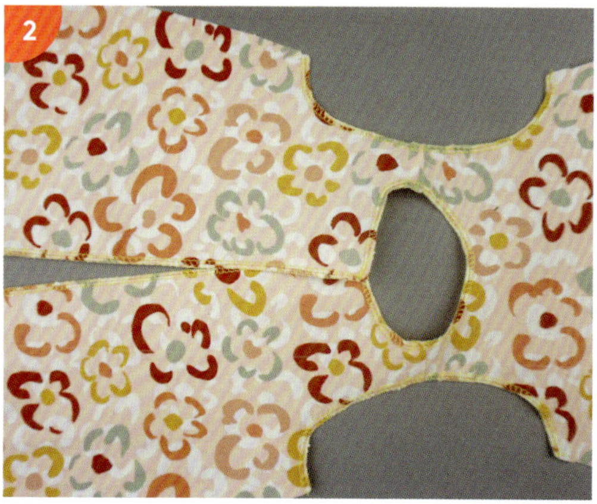

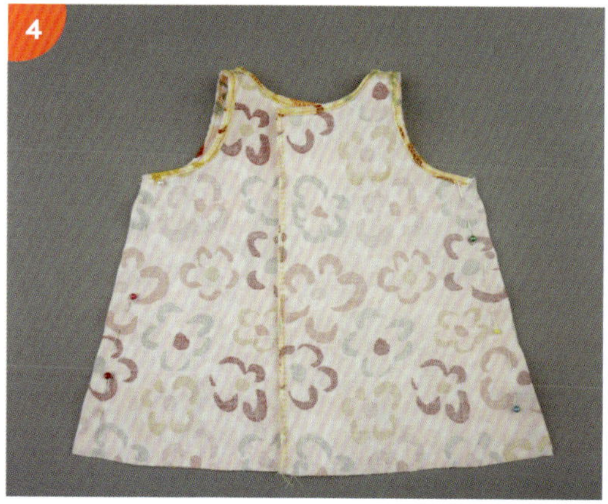

1 Zuerst die beiden Rückteile rechts auf rechts an die Schultern des Vorderteils stecken, zusammennähen und die Nahtzugabe versäubern und zu den Rückteilen bügeln.

2 Anschließend die Armlöcher, das Halsloch und die beiden Knopfleistenkanten an den Rückteilen versäubern.

3 Die Versäuberungsnähte der Armlöcher und des Halslochs zur linken Seite bügeln und absteppen, nochmal bügeln, damit sich nichts wellt. Optional kann die Nahtzugabe weggeschnitten und das Halsloch mit Schrägband eingefasst werden (siehe Seite 62).

4 Nun können auch die Seitennähte von Vorderteil und Rückteilen rechts auf rechts zusammengesteckt, -genäht und versäubert werden. Die Nahtzugaben werden zu den Rückteilen hingebügelt.

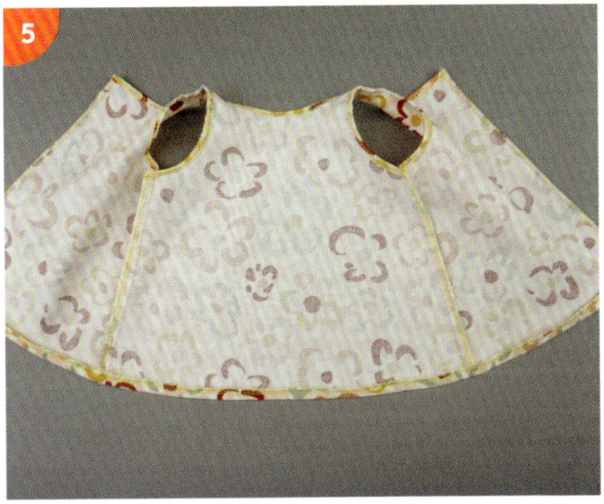

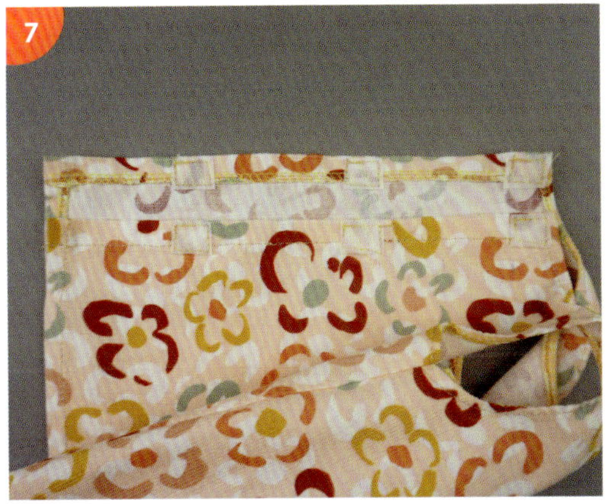

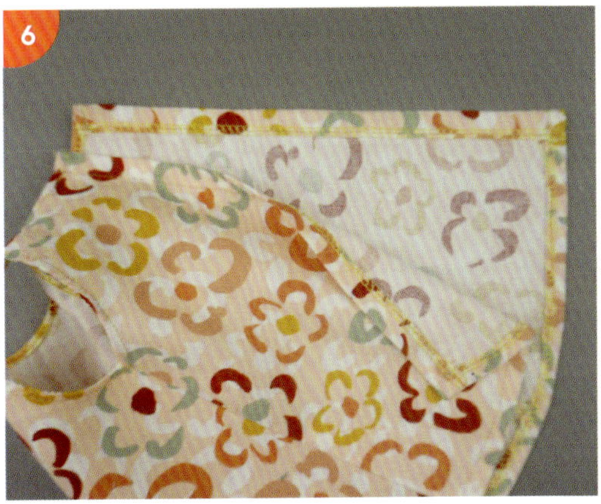

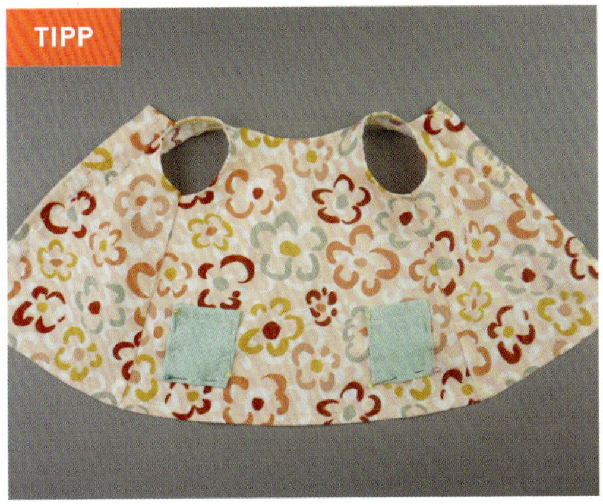

5 Im nächsten Schritt musst du den Saum versäubern, 1cm nach links umbügeln und absteppen.

6 Jetzt fehlt uns nur noch die Knopfleiste, dazu werden die beiden versäuberten Kanten je 1cm nach links umgebügelt und abgesteppt.

7 An der Knopfleiste müssen zum Schluss noch Druckknöpfe oder Klettband angebracht werden.

TIPP Wenn du Taschen aufnähen möchtest, kannst du die Taschen vom Mantel (siehe Seite 79) dafür nehmen.

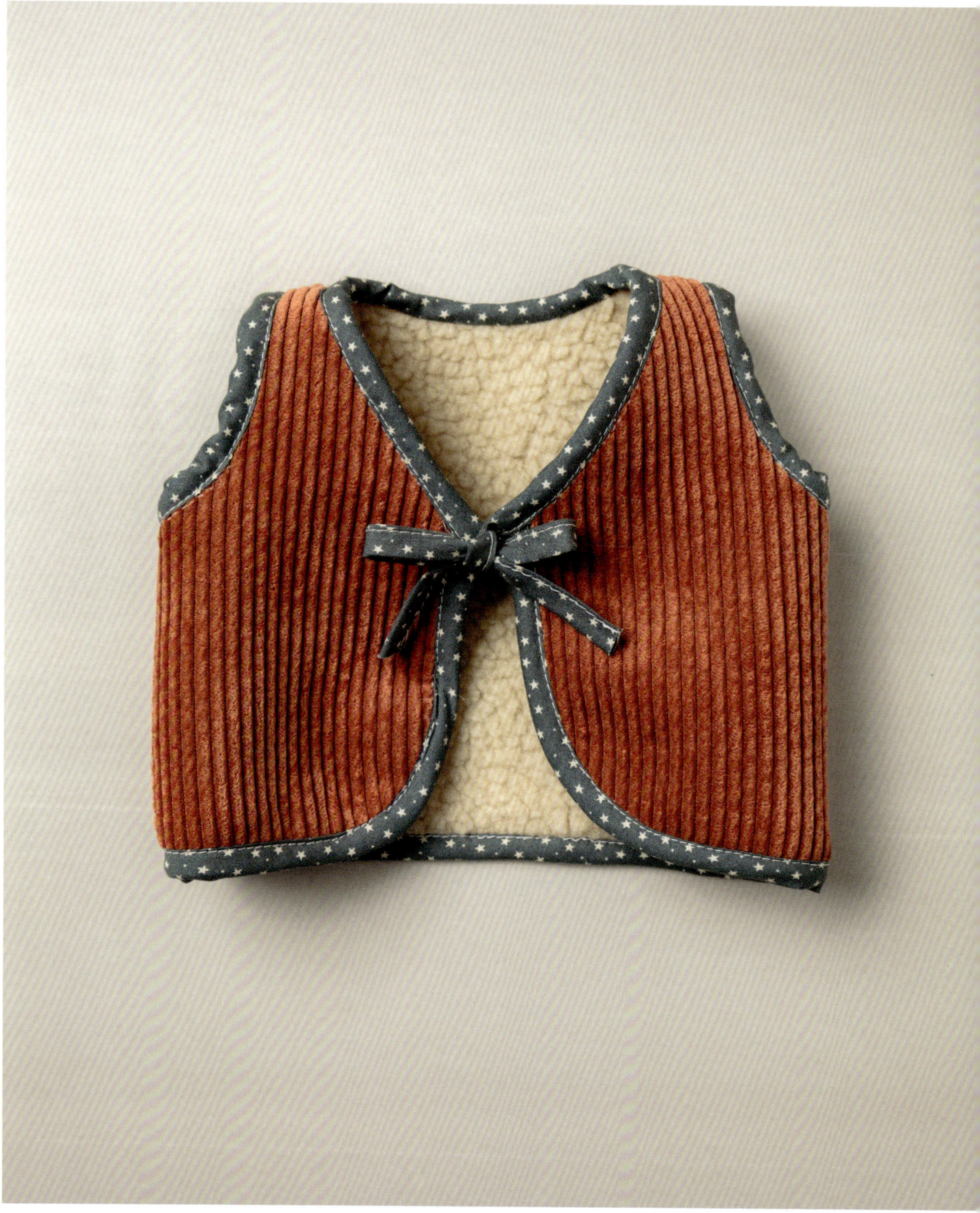

stylische
WESTE

Eine kuschelige Weste ist perfekt an kalten Tagen, sie hält nicht nur warm, sondern rundet auch jedes Outfit ab.

MATERIAL

- Als Material eignen sich dickere Stoffe wie Plüsch, Fleece, Walk oder Steppstoffe (Doubleface).

ZUSCHNITT

Bitte beachte, dass du bei der Weste nur an den Seiten- und Schulternähten Nahtzugabe hinzugeben musst, sonst nicht.

Größe	32-37cm	38-43	44-48
Stoffverbrauch	16 cm Höhe x 40 cm Breite	20 cm Höhe x 50 cm Breite	20 cm Höhe x 55 cm Breite
Schrägband	140 cm	160 cm	160 cm

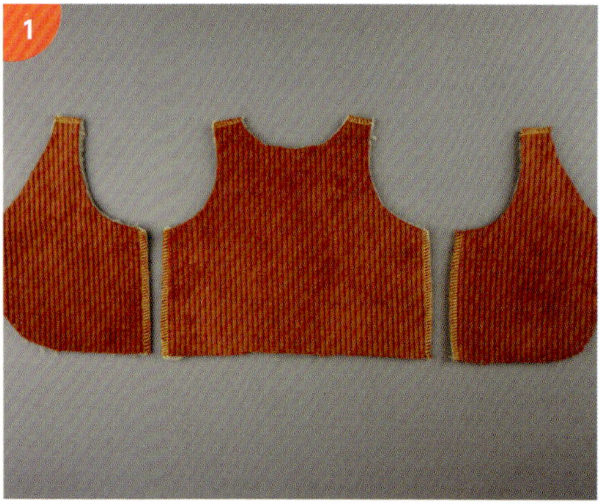

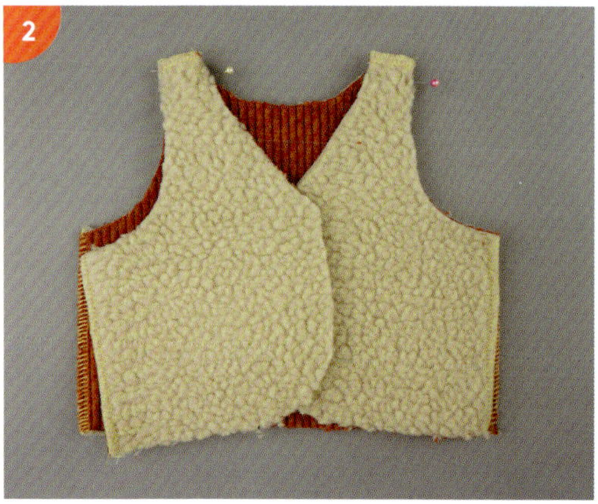

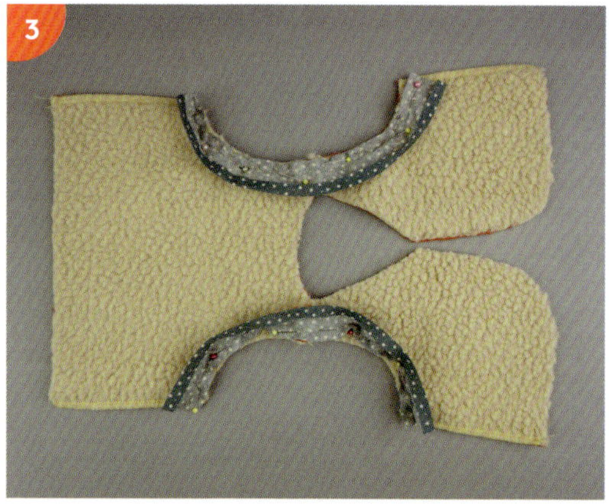

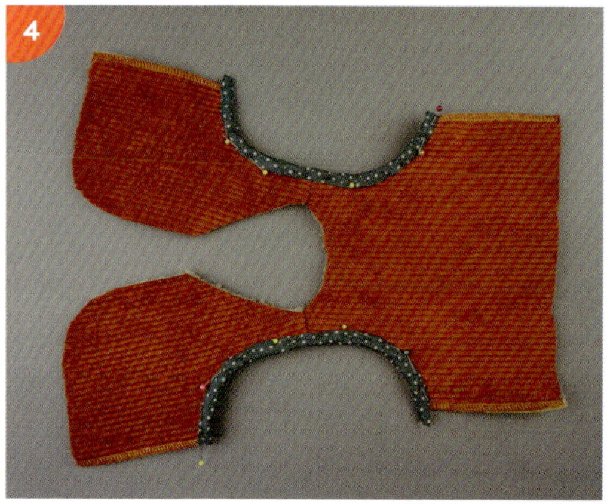

1 Bevor wir etwas zusammennähen, müssen zunächst die Seitennähte und die Schulternähte versäubert werden.

2 Jetzt werden die Vorderteile an den Schultern rechts auf rechts ans Rückteil genäht, die Nahtzugaben werden auseinandergebügelt.

3 Um die Armlöcher mit Schrägband einzufassen, faltest du das Schrägband auf und steckst es rechts auf links ins Armloch, Stoffkante an Stoffkante. Am Anfang ist das Schrägband bündig, am Ende schneidest du es passend ab. Im ersten Bügelfalz wird es nun angenäht.

4 Die Weste umdrehen, das Schrägband um die Kante falten und auf der rechten Seite so feststecken, dass die erste Naht bedeckt ist.

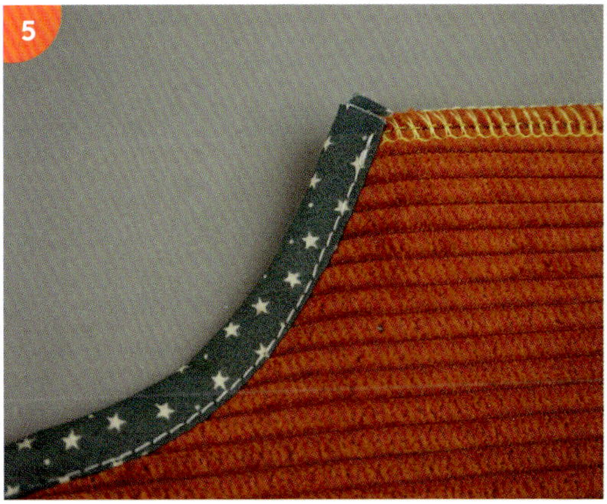

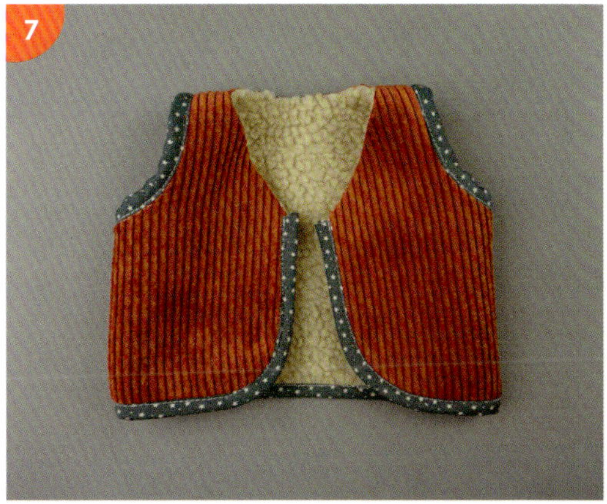

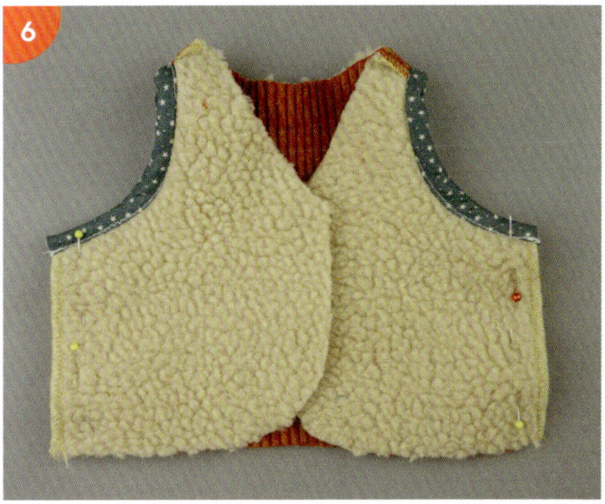

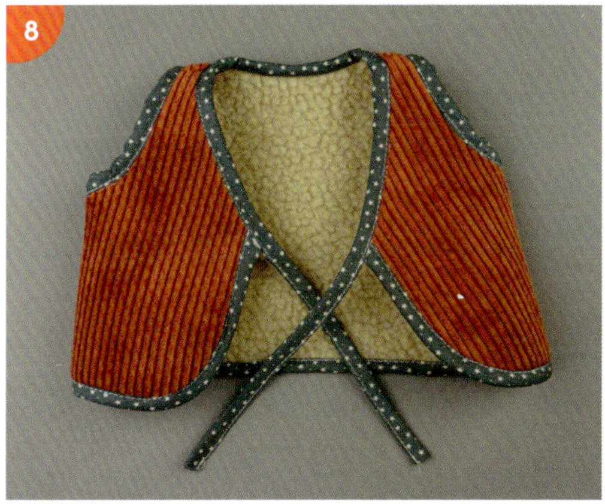

5 Entlang der inneren Kante absteppen.

6 Sind beide Armlöcher eingefasst, kannst du die Seitennähte rechts auf rechts zusammennähen und die Nahtzugaben auseinanderbügeln. Im Bereich des Schrägbands kannst du von außen drübernähen, so bleibt die Nahtzugabe auseinandergebügelt liegen.

7 Auf dieselbe Weise wie die Armlöcher wird der Saum in einem Rutsch mit den vorderen Kanten eingefasst.

8 Das letzte Stück Schrägband auf die Hälfte falten und hinten im Nacken mittig und aufgeklappt auf die linke Stoffseite stecken. Von da aus in beide Richtungen des Halslochs feststecken. An beiden Seiten sollten ca. 15 cm Band überstehen. Das Schrägband wie vorher beschrieben annähen und absteppen, die überstehenden Bänder werden dabei zusammengeklappt und mit abgesteppt.

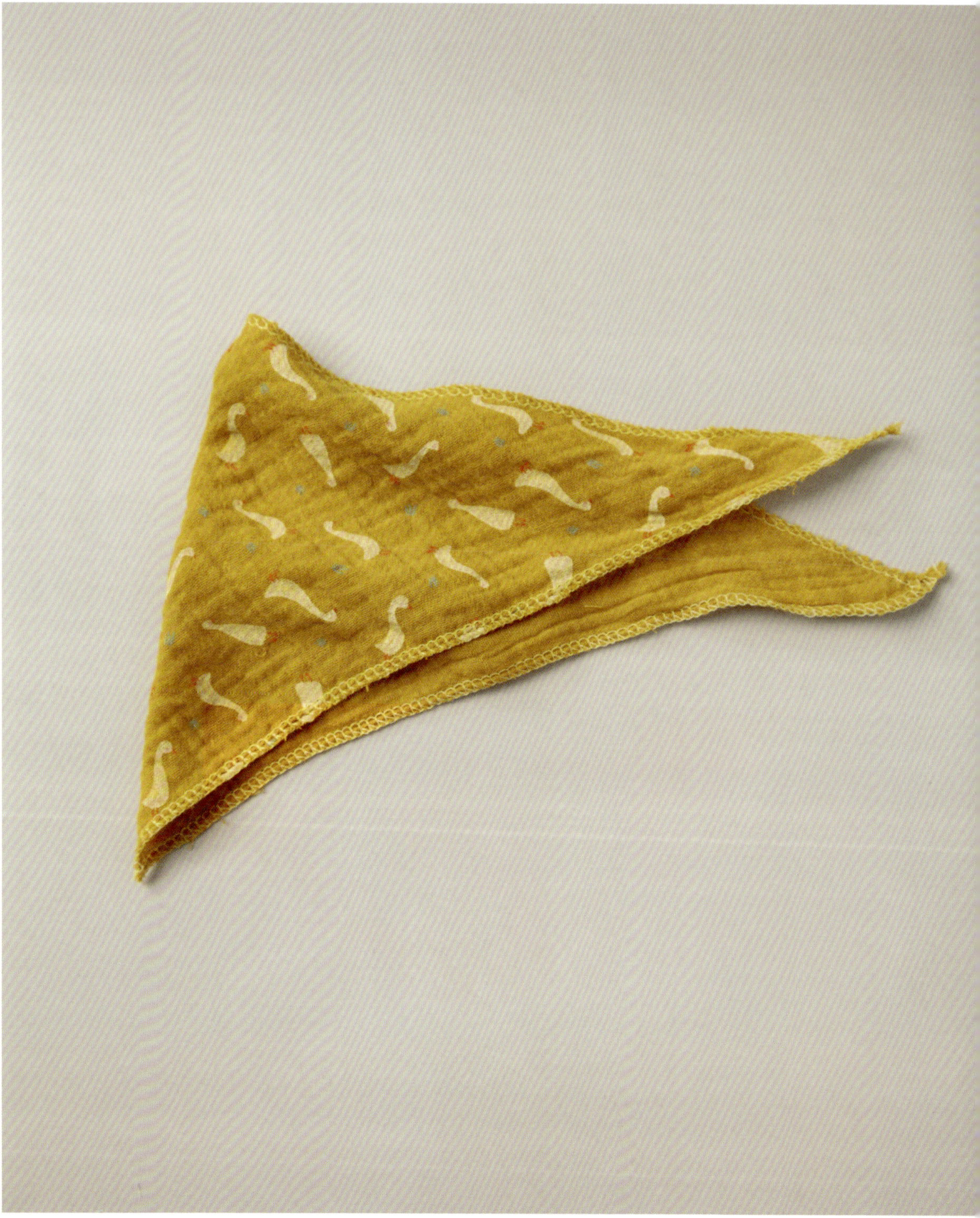

kuscheliges

HALSTUCH

Dieses Dreieckstuch ist nicht nur superschnell genäht, man kann es auch auf viele verschiedene Weisen nutzen, ob als Schal, Lätzchen oder Kopftuch.

MATERIAL

- Als Material eignen sich Musselin, Batist, Jersey oder Frottee.

ZUSCHNITT

Man kann das Tuch einlagig nähen oder zweilagig. Bei der einlagigen Variante benötigt man keine Nahtzugabe, bei der zweilagigen Variante schon.

Größe	32-37 cm	38-43	44-48
Stoffverbrauch (ggf. doppelt)	25 cm Höhe x 25 cm Breite	30 cm Höhe x 30 cm Breite	33 cm Höhe x 33 cm Breite

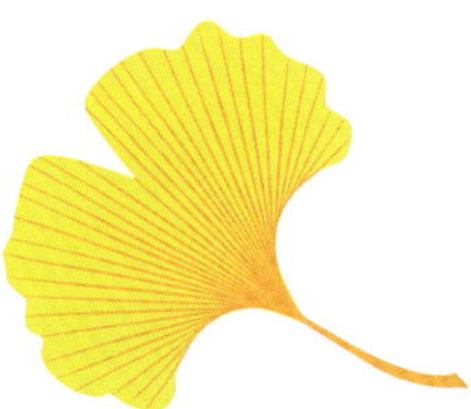

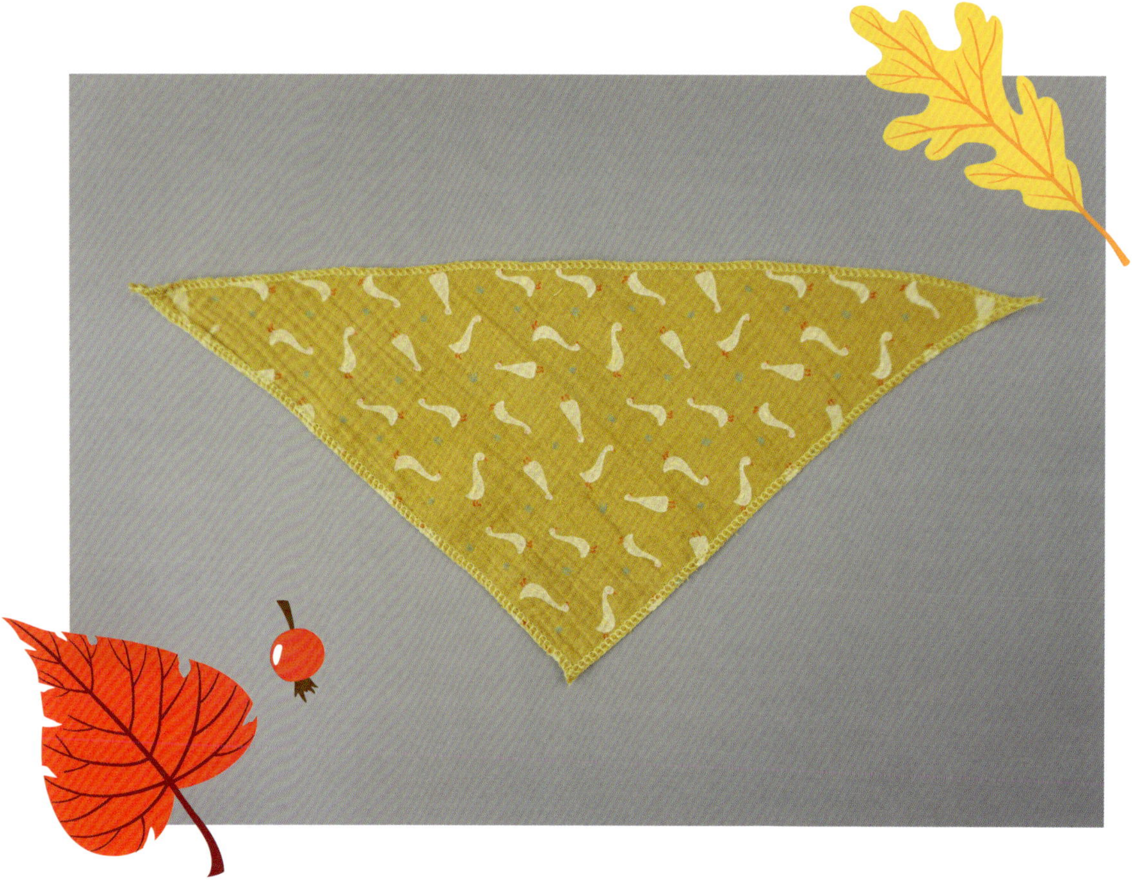

1 Für die einlagige Variante werden lediglich die Kanten mit der Overlockmaschine und einem passenden Garn versäubert, die Enden der Overlocknaht mithilfe einer stumpfen, großen Sticknadel in die Nähte einziehen.

2 Für die zweilagige Variante werden beide Stofflagen rechts auf rechts aufeinandergenäht, nur oben lässt du eine kleine Wendeöffnung.

3 Das Tuch wenden, die Kanten bügeln und die Öffnung zunähen.

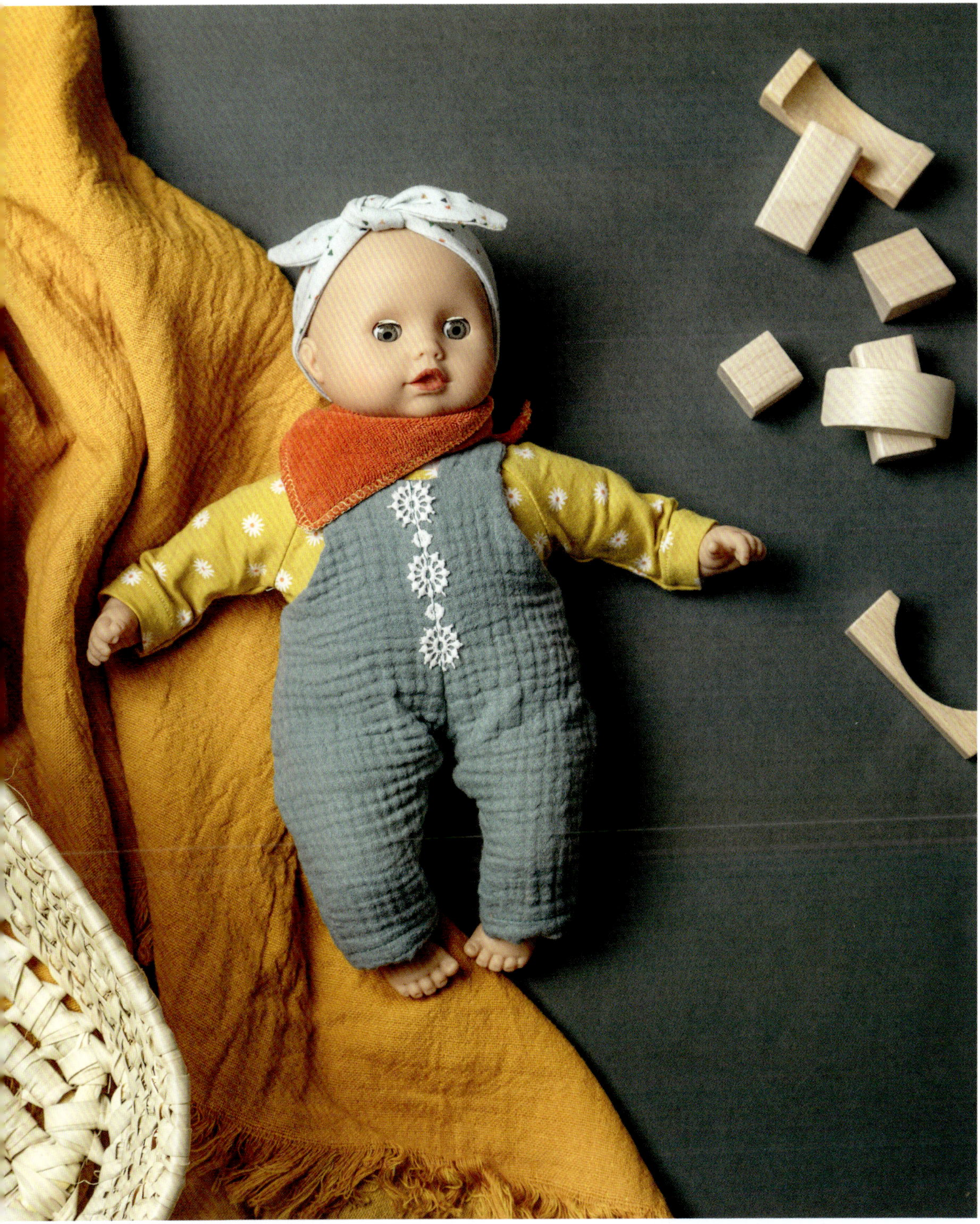

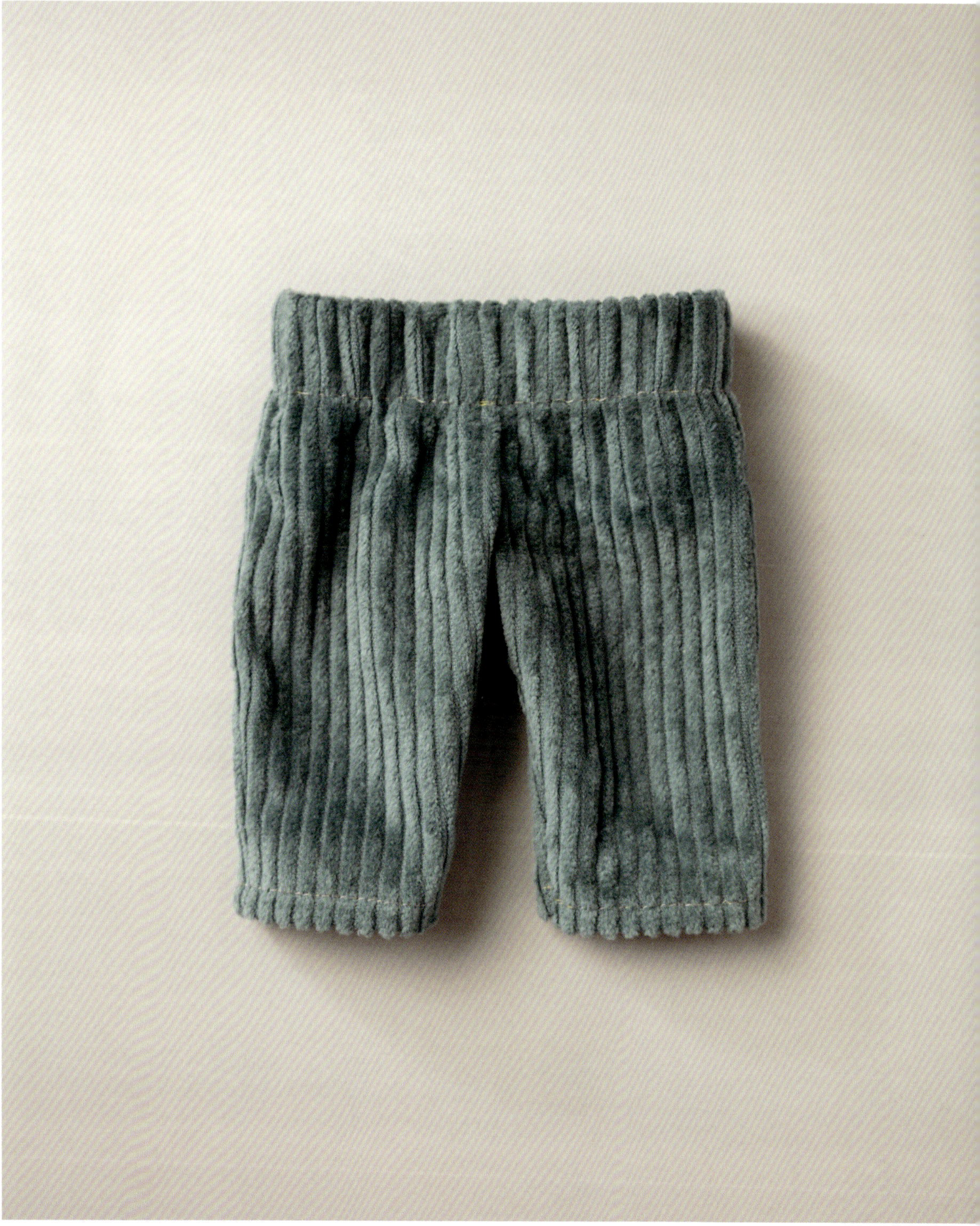

lässige

HOSE

Dieser Schnitt bildet eine perfekte Grundlage für eine Vielzahl unterschiedlicher Hosen. Ob in lang oder kurz, mit Flicken oder Bündchen.

MATERIAL

- Als Material eignen sich festere Hosenstoffe aus Cord oder Jeans, aber auch Leinen, Musselin, Baumwolle oder Sweat.
- Ggf. Flicken, Bündchen oder dünner Gummi für den Saum.

ZUSCHNITT

Bitte denke daran, am Saum 1,5 bis 2 cm Saumzugabe hinzuzugeben.

Größe	32-37 cm	38-43	44-48
Stoffverbrauch	30 cm Höhe x 65 cm Breite	25 cm Höhe x 55 cm Breite	30 cm Höhe x 70 cm Breite
Gummiband 2 bis 3 cm breit	28 cm	31 cm	34 cm

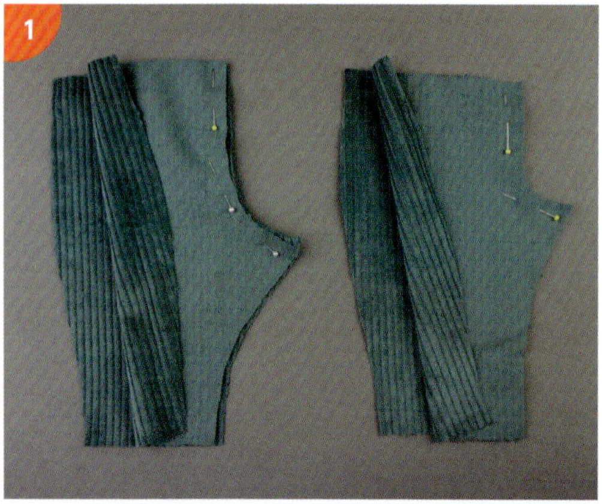

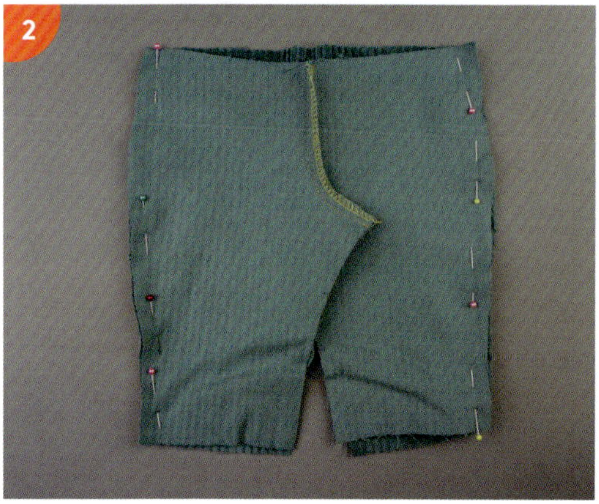

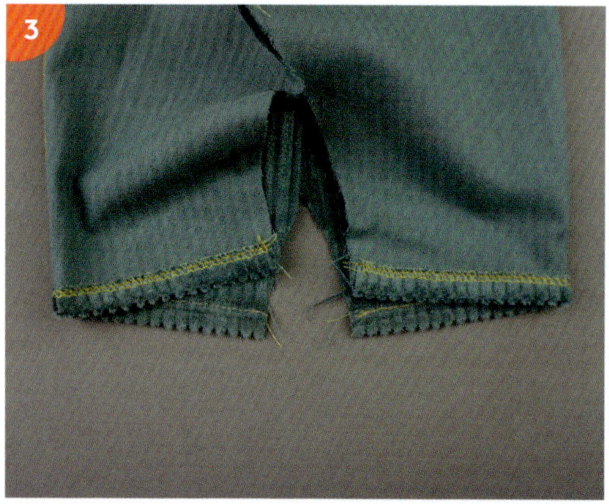

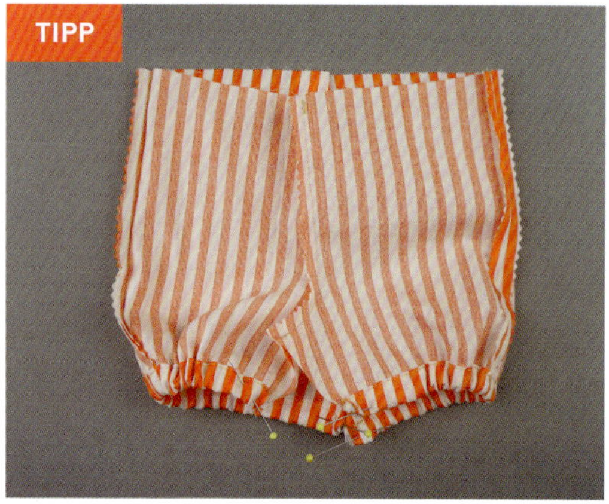

1 Du startest damit, dass du jeweils die beiden Vorder- und Hinterhosenteile rechts auf rechts entlang der Schrittkurve zusammensteckst, zusammennähst und die Nahtzugaben versäuberst.

2 Anschließend kannst du Vorder- und Hinterhose rechts auf rechts entlang der Seitennähte zusammennähen und versäubern. Die Nahtzugabe zur Hinterhose hin bügeln.

3 Im nächsten Schritt die beiden Säume sowie oben die Kante am Bund versäubern. Die Säume werden 1 cm nach links gebügelt und abgesteppt.

TIPP Du kannst auch schmale Gummibänder in den Saum einziehen, das sieht vor allem bei der kurzen Hose süß aus.

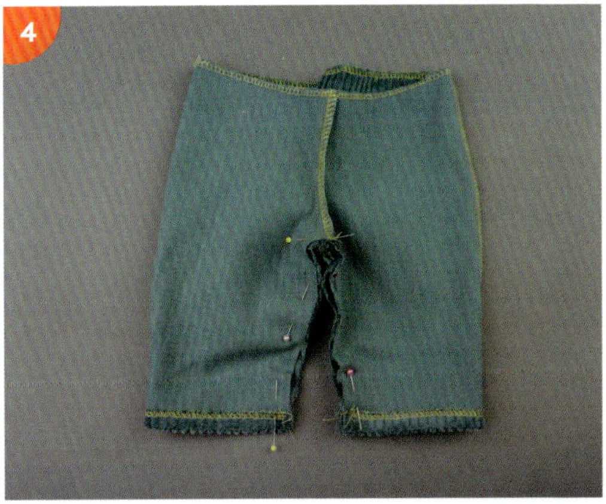

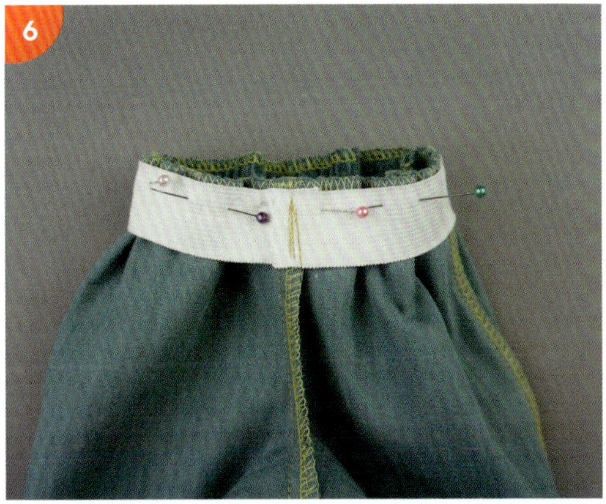

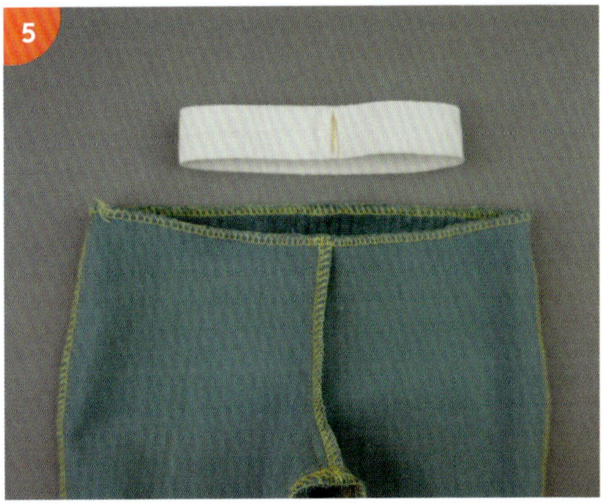

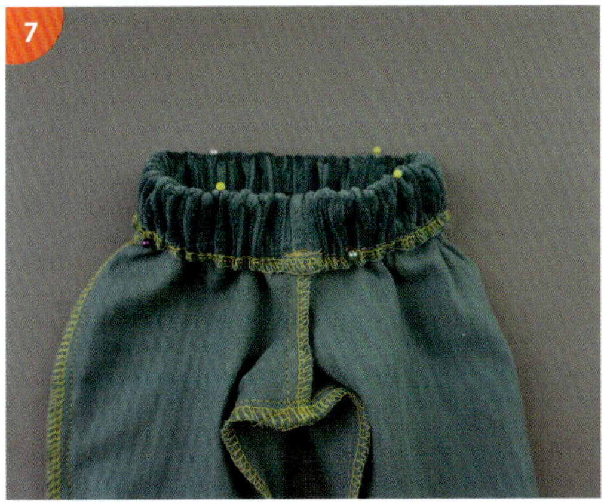

4 Nun die innere Beinnaht rechts auf rechts zusammennähen und versäubern.

5 Der Gummi in passender Länge wird zunächst an den Enden zusammengenäht, so dass ein Ring entsteht.

6 Den Gummiring gedehnt auf die linke Stoffseite des Bunds stecken und gedehnt mit einem großen Zickzackstich oder einem langen Geradstich annähen.

7 Den angenähten Gummi einmal nach unten umschlagen, so verschwindet er zwischen den Stoffen. Erneut gedehnt feststecken und an der inneren Kante gedehnt mit großem Zickzackstich absteppen.

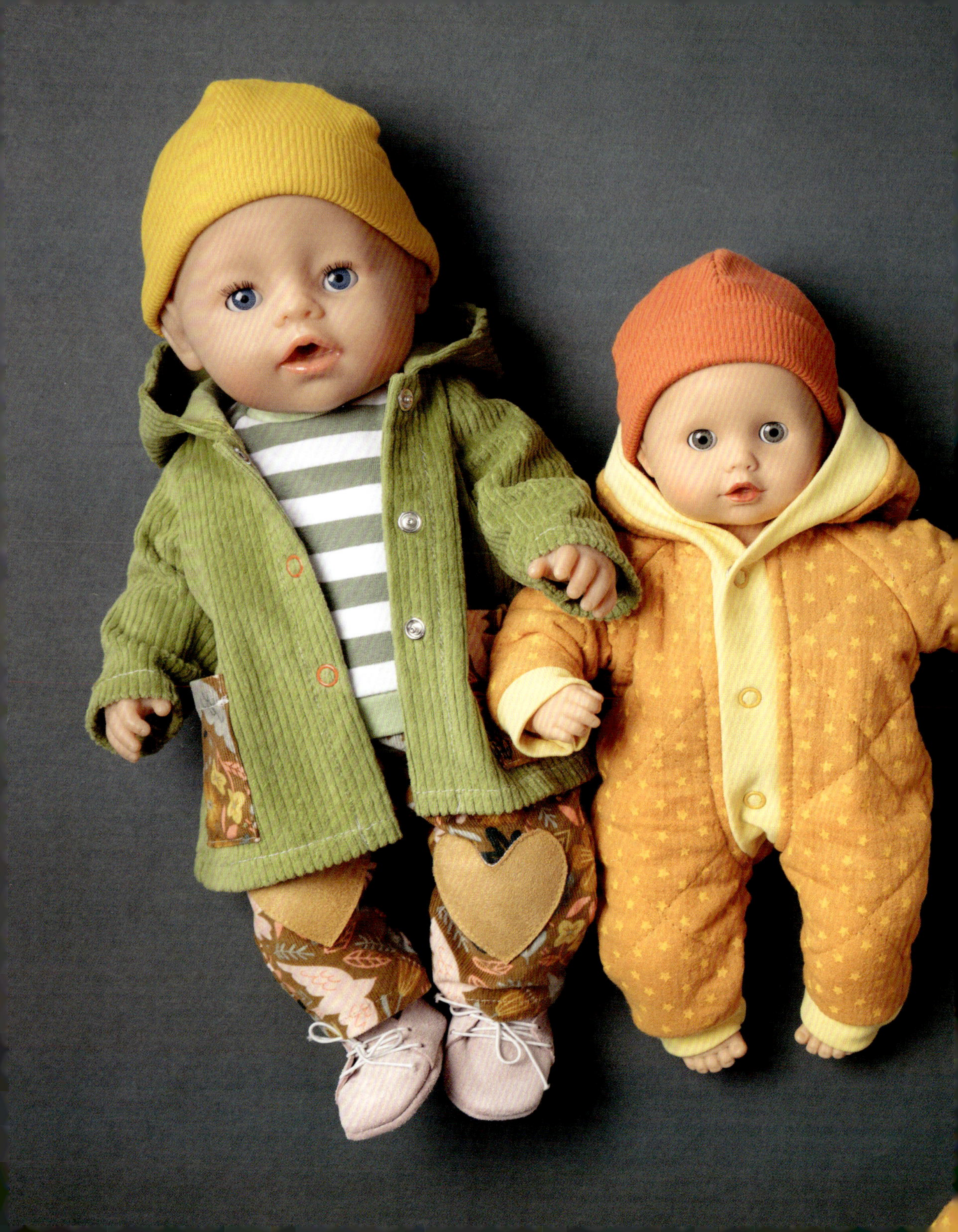

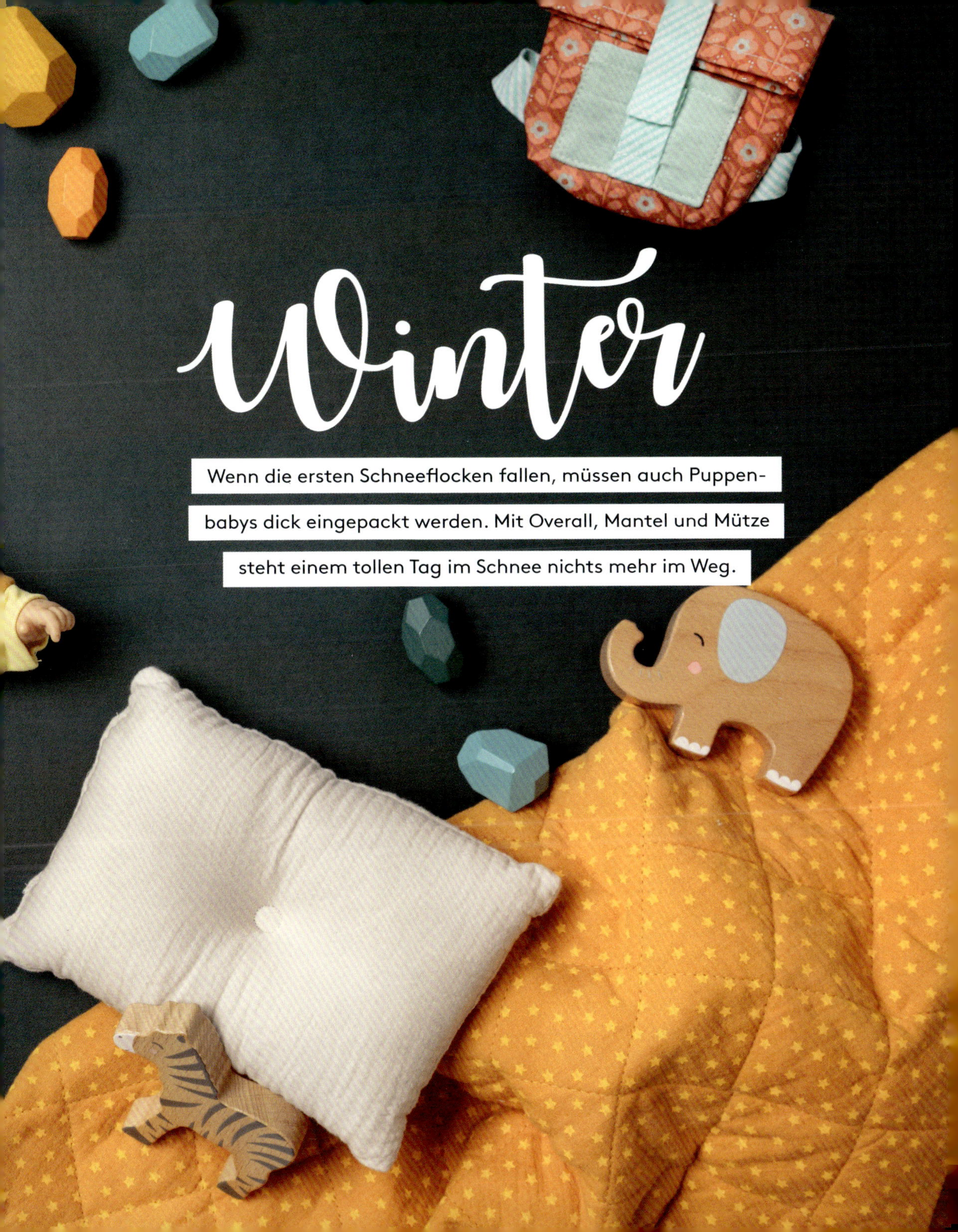

Winter

Wenn die ersten Schneeflocken fallen, müssen auch Puppenbabys dick eingepackt werden. Mit Overall, Mantel und Mütze steht einem tollen Tag im Schnee nichts mehr im Weg.

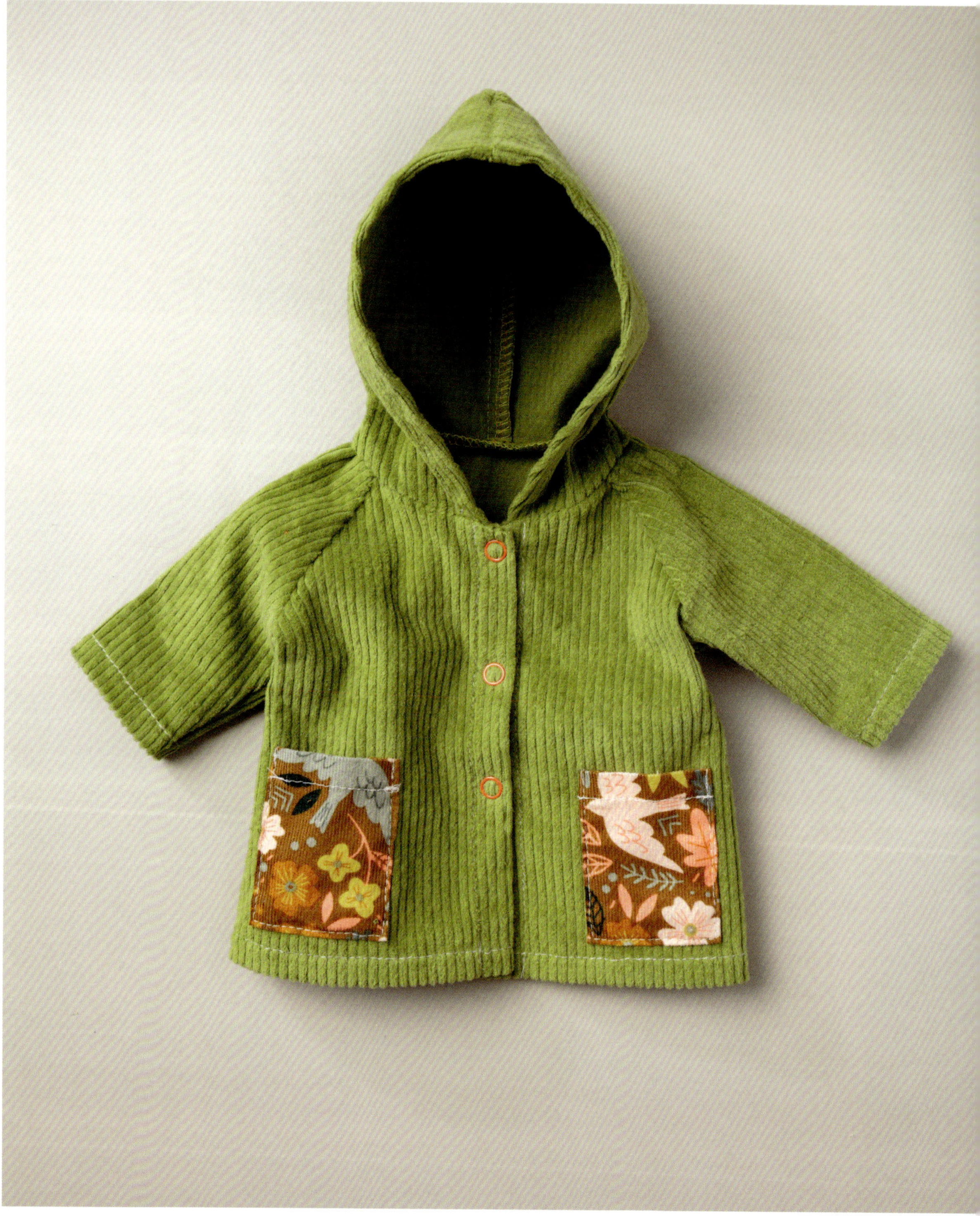

warmer

MANTEL

Wenn es draußen kalt wird, brauchen auch kleine Puppenkinder etwas Warmes zum Anziehen. Je nach gewähltem Stoff entstehen mit diesem Schnitt leichte oder warme Mäntelchen für alle Gelegenheiten.

MATERIAL

- Als Material eignen sich dickere Stoffe wie Cord, Jeans, Walk, Softshell, Steppstoffe oder Canvas.
- Druckknöpfe oder Klettband, ggf. Stoffrest für Taschen.

Größe	32-37 cm	38-43	44-48
Stoffverbrauch	20 cm Höhe x 115 cm Breite	25 cm Höhe x 125 cm Breite	30 cm Höhe x 140 cm Breite

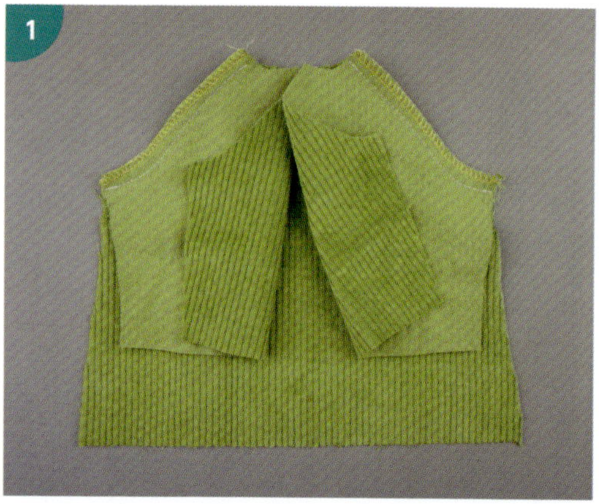

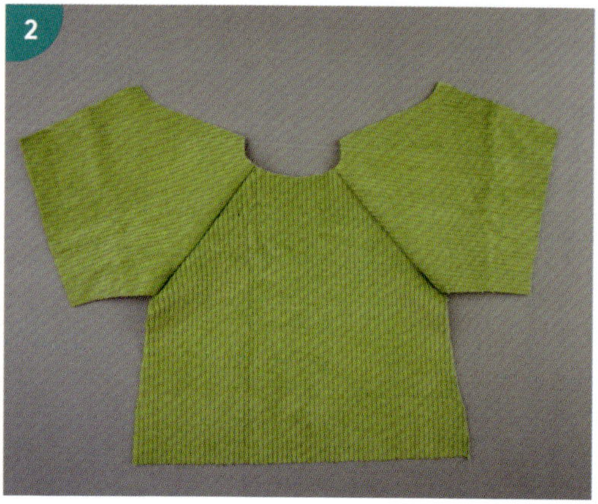

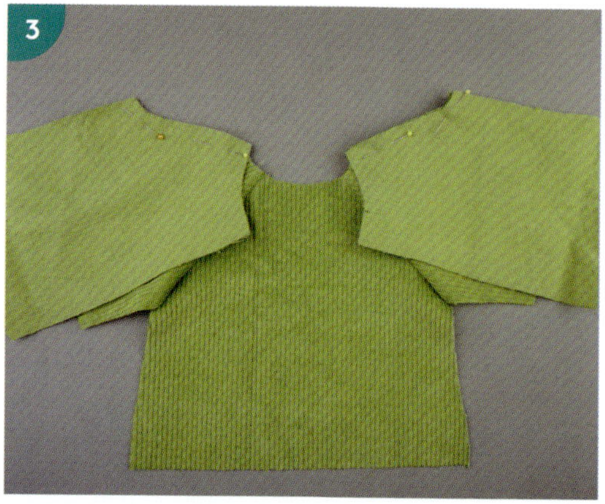

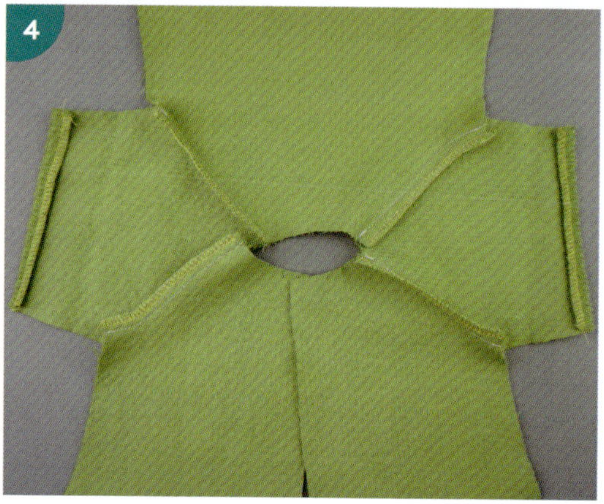

1 Das Rückteil und die Ärmel rechts auf rechts an den Raglannähten zusammenstecken. Wähle beim Ärmel dazu die Raglannaht mit Knips. Zusammennähen, versäubern.

2 Nahtzugaben zu den Ärmeln bügeln.

3 An die noch offenen Raglannähte der Ärmel die Vorderteile nun rechts auf rechts stecken, annähen, versäubern und die Nahtzugabe zu den Ärmeln bügeln.

4 Jetzt kannst du die Ärmelsäume versäubern, die Nahtzugabe nach links bügeln und absteppen.

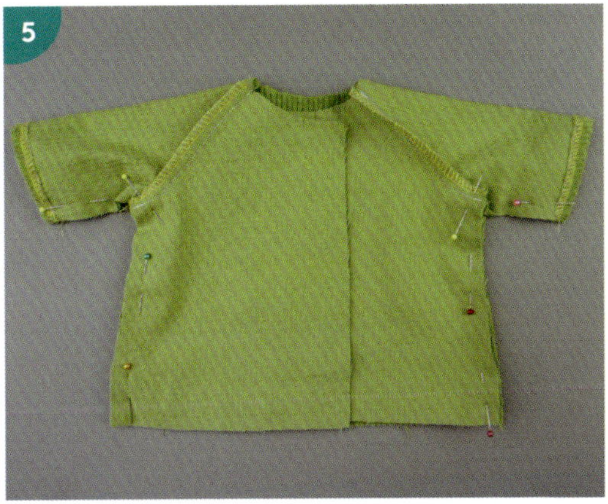

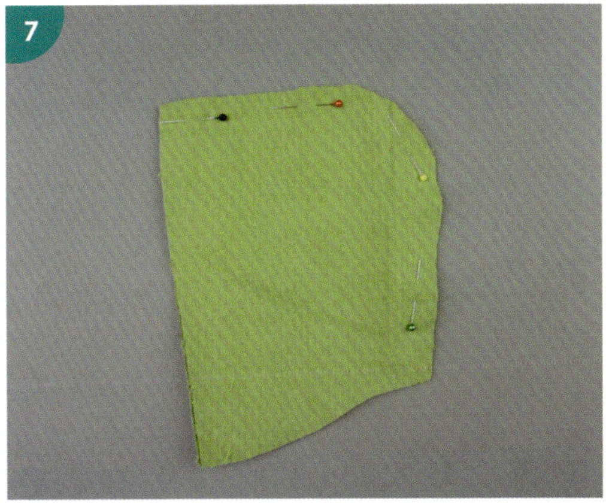

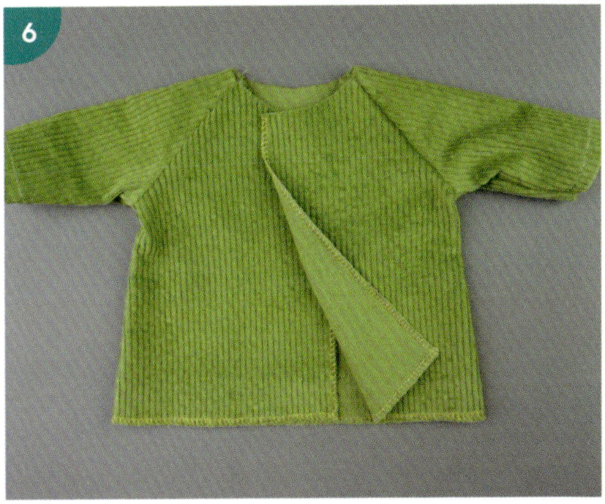

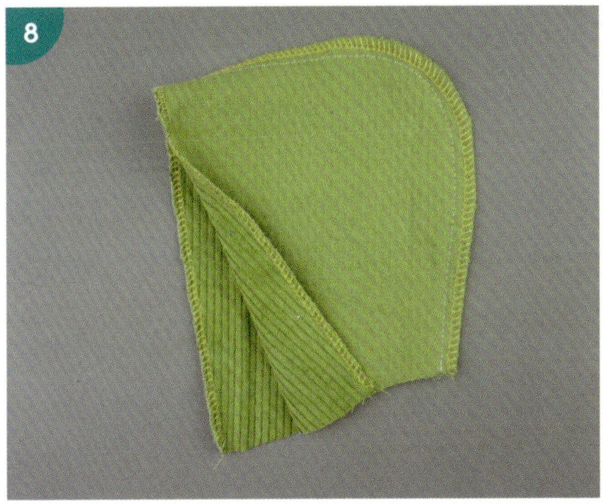

5 Anschließend legst du die Vorderteile rechts auf rechts aufs Rückteil und steckst die Seiten- und Ärmelnähte aufeinander. Die Strecke nähen, danach versäubern und zum Rückteil bügeln.

6 Danach den Saum und die Knopfleiste versäubern. Dann die Nahtzugabe des Saums nach links bügeln und absteppen.

7 Als nächstes benötigst du die Kapuzenteile, welche du rechts auf rechts entlang der Rundung zusammensteckst und nähst. Die Nahtzugabe der Rundung versäubern.

8 Danach auch die Gesichtskante der Kapuze versäubern.

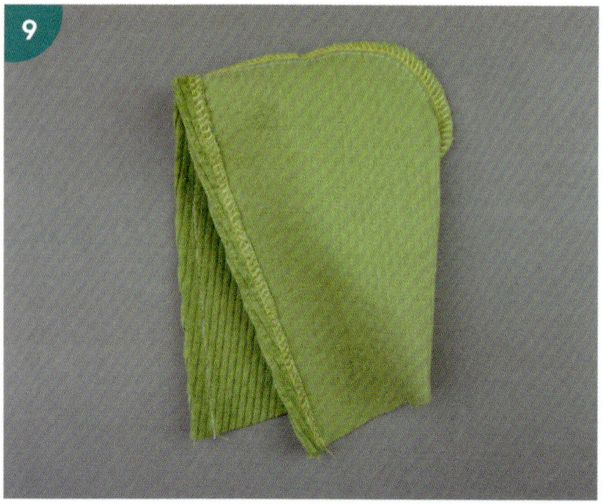

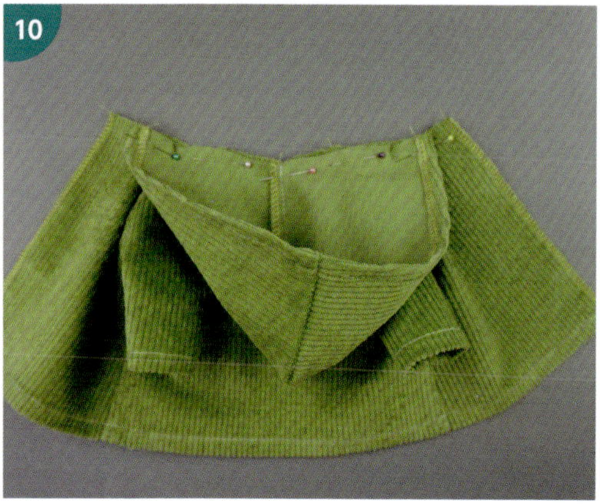

9 Nun die Nahtzugabe nach links bügeln und absteppen.

10 Die Kapuze wird jetzt rechts auf rechts ins Halsloch gesteckt, sie beginnt und endet jeweils am Knips.

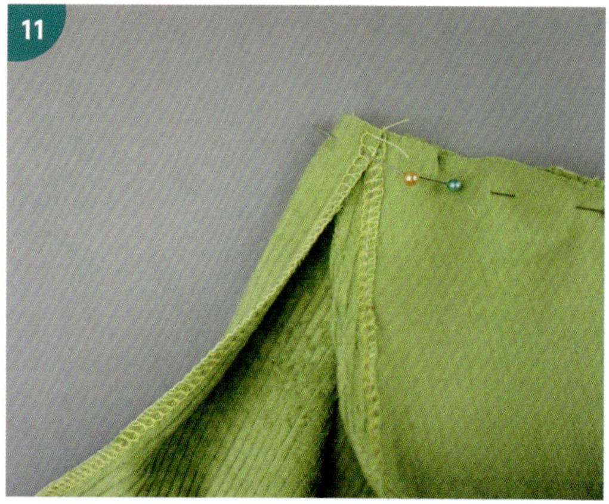

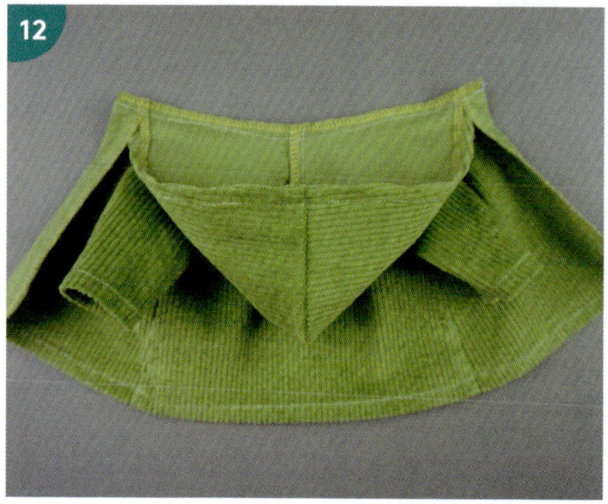

11 Vor dem Annähen klappst du die Knopfleisten noch 1,5 cm nach links um und steckst sie am Halsloch fest.

12 Beim Annähen der Kapuze werden somit auch die Ecken der Knopfleiste genäht.

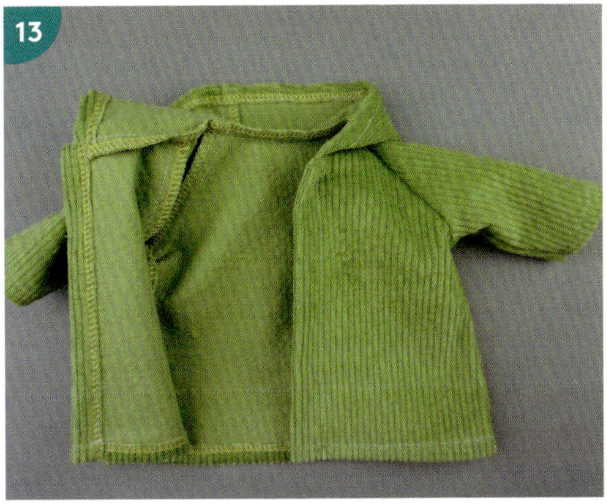

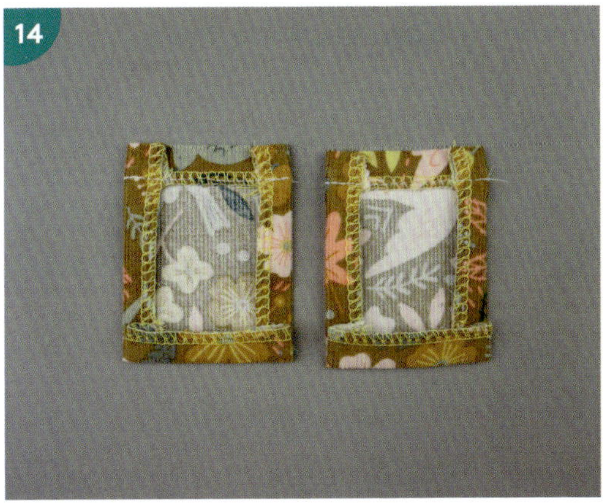

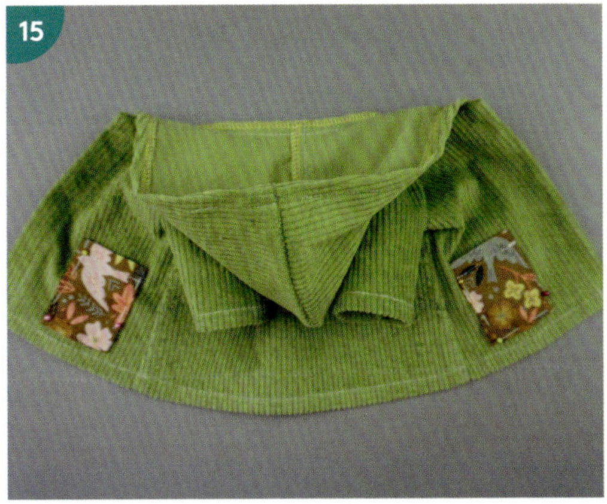

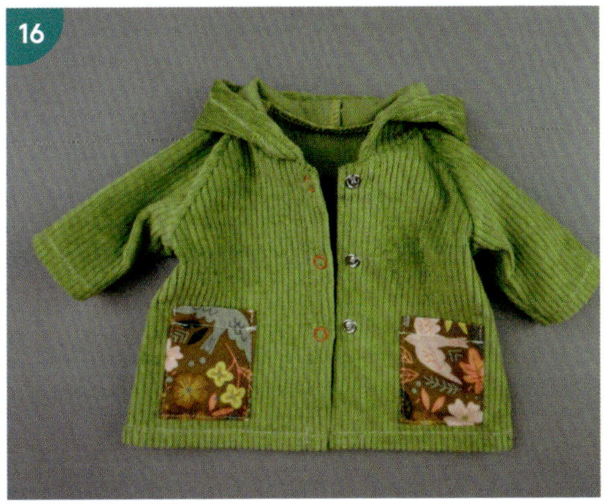

13 Die Knopfleiste an der oberen Ecke wieder auf rechts wenden und im Ganzen 1,5 cm nach links bügeln und absteppen.

14 Die Taschen werden rundum versäubert und die Nahtzugaben nach links gebügelt. An der oberen Kante musst du sie absteppen.

15 Die Taschen links auf rechts mit der abgesteppten Seite nach oben (wie im Schnitt angegeben) auf die Vorderteile stecken, an den Seiten und unten knappkantig festnähen.

16 Zum Schluss nur noch 3 Druckknöpfe oder Klettband zum Verschließen an der Knopfleiste anbringen.

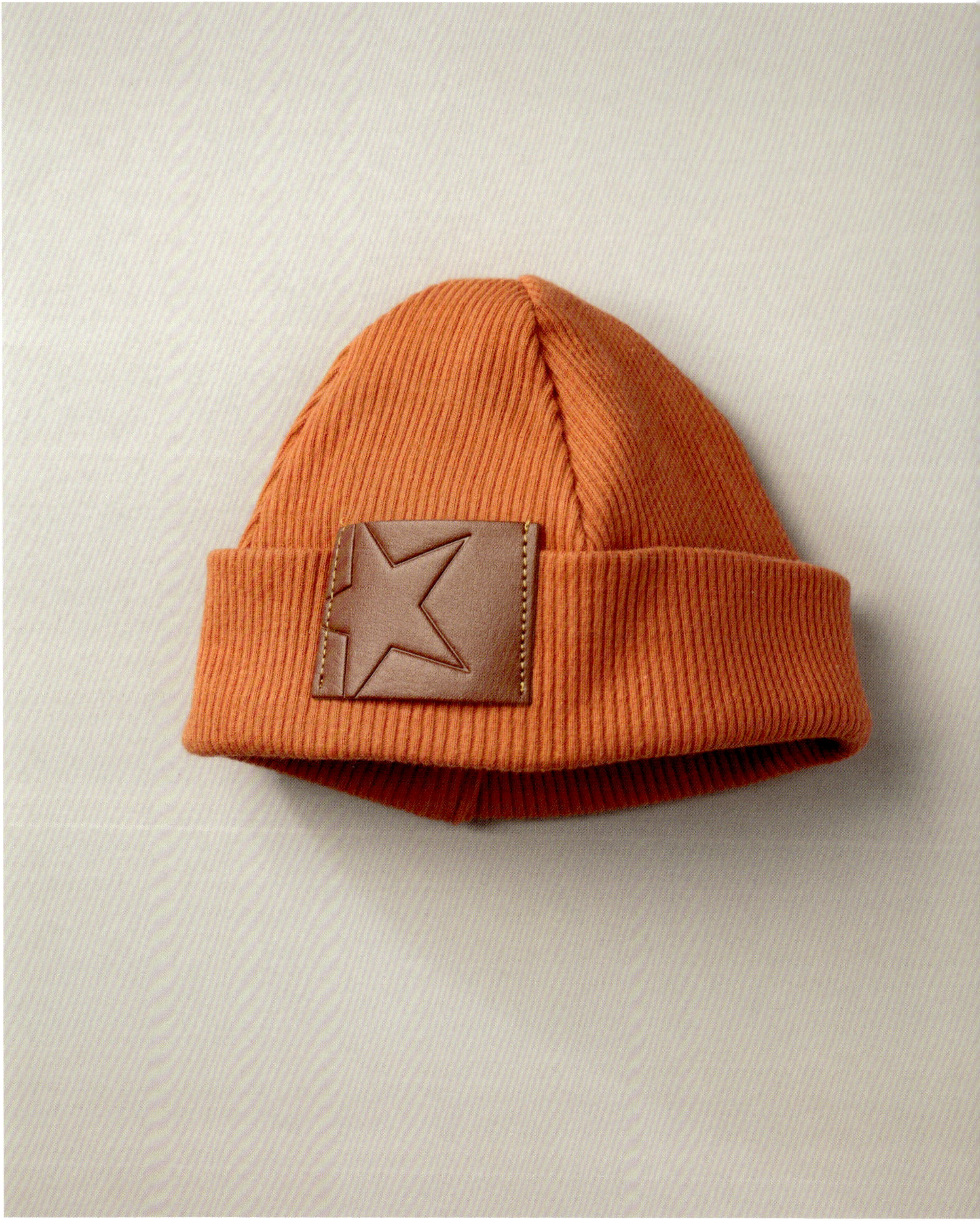

coole

BEANIE

Damit bleiben nicht nur die Öhrchen warm, sie sieht auch supercool aus!

MATERIAL

- Als Material eignen sich Jerseystoffe mit Elasthan oder Rippjersey.
- Evtl. Patch oder Label zum Verzieren.

GRÖSSE

Beachte bei der Größenwahl den Kopfumfang deiner Puppe, dieser kann sich nämlich sehr unterscheiden. Die Größen bei den Mützen sind wie folgt gestaffelt: 28 bis 31 cm, 32 bis 33 cm und 34 bis 36 cm.

Größe (nach Kopfumfang)	**28 - 31 cm**	**32 - 33 cm**	**34 - 36 cm**
Stoffverbrauch	27 cm Höhe x 27 cm Breite	30 cm Höhe x 30 cm Breite	35 cm Höhe x 35 cm Breite

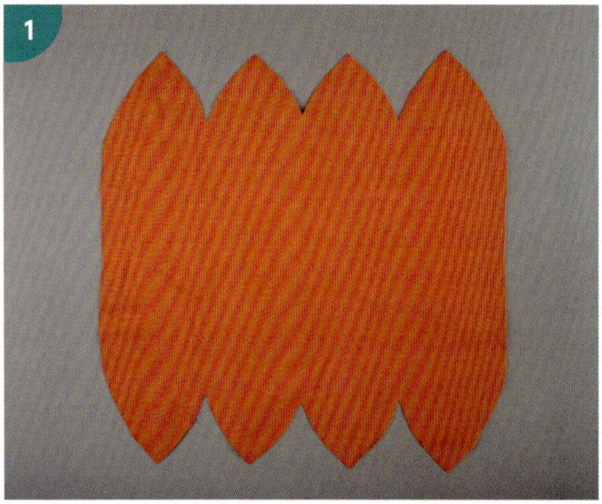

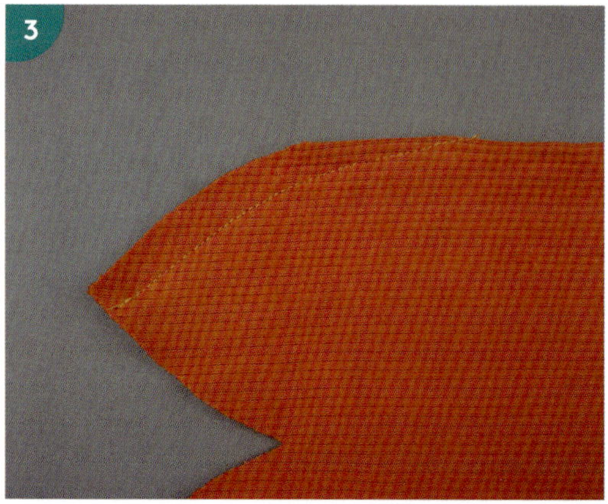

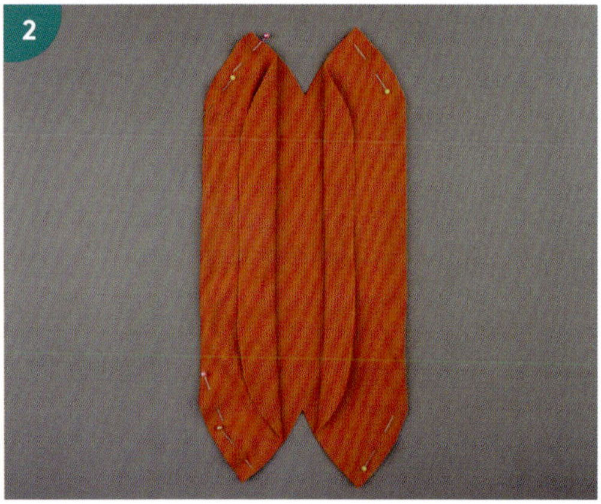

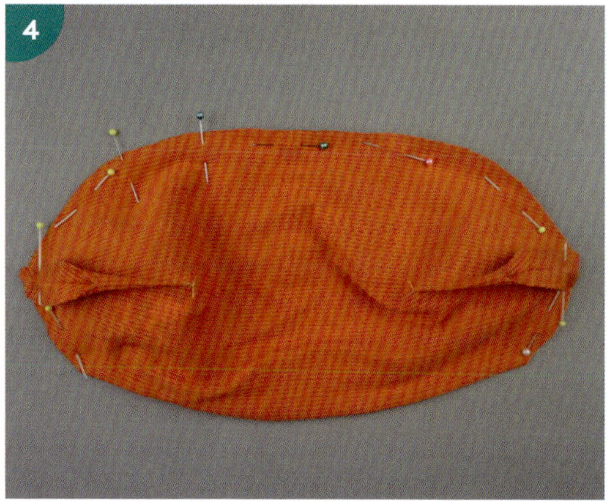

1 Die Beanie besteht nur aus einem einzigen Schnittteil, dieses Teil liegt mit der rechten Stoffseite nach oben vor dir.

2 Auf beiden Seiten den Stoff einmal so umklappen, dass oben und unten jeweils die ersten beiden Spitzen aufeinanderliegen.

3 Diese werden nur an der äußeren Seite bis zur Spitze zusammengesteckt und mit Geradstich zusammengenäht (nicht mit der Overlock, das wird zu dick). Die Enden schön flach in den Stoff auslaufen lassen. Das machst du viermal, an allen 4 Spitzen. Die Nahtzugaben kannst du anschließend auseinanderbügeln.

4 Das Teil wieder aufklappen. Durch das Zusammennähen sind es oben und unten jeweils nur noch 2 breitere Spitzen. Diese rechts auf rechts aufeinanderstecken, auch über die Spitze hinweg, auf der anderen Seite wieder runter. Unterhalb einer Spitze eine ca. 5 cm große Wendeöffnung lassen.

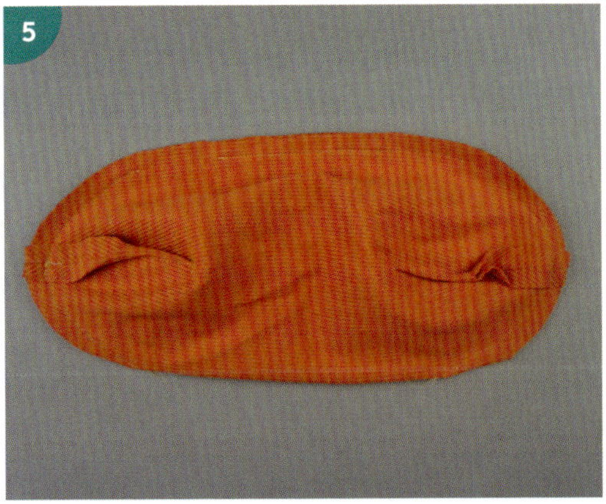

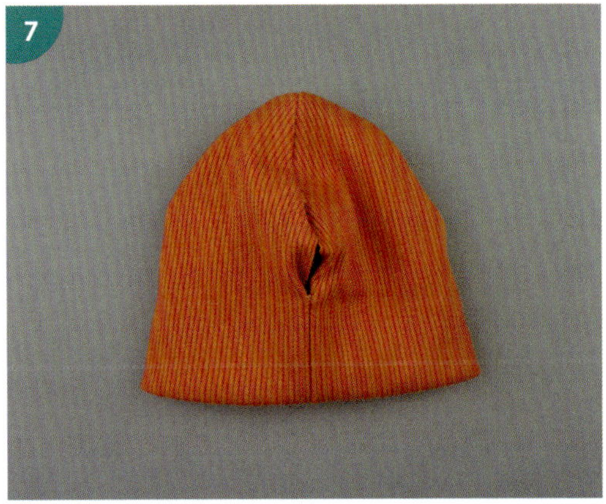

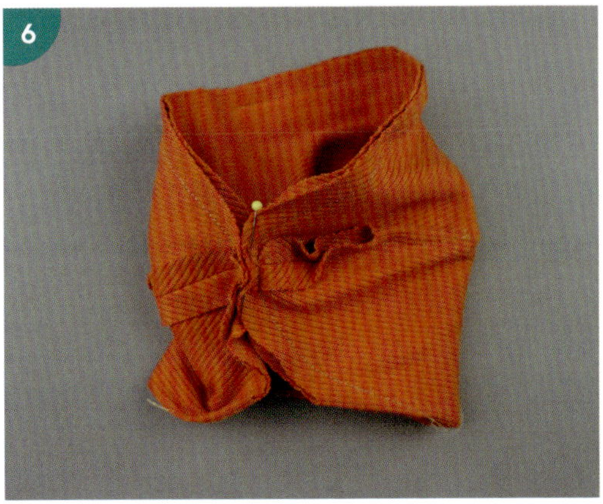

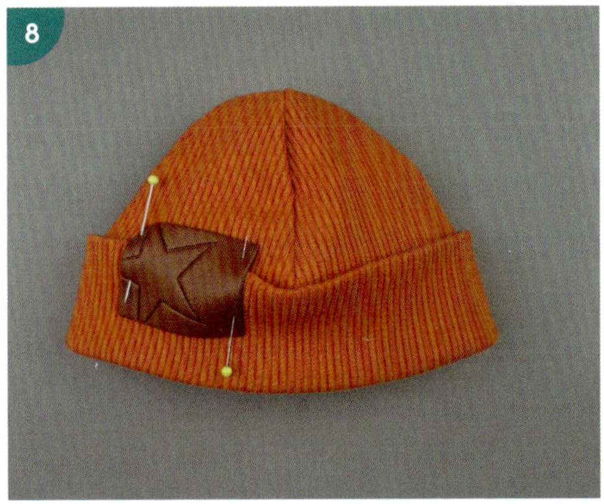

5 Jetzt kannst du die Beanie bis auf die Wendeöffnung schließen.

6 Damit die Stofflagen später nicht verrutschen, müssen die Nahtzugaben an der Spitze noch zusammengenäht werden, klappe sie dafür auseinander und nähe sie rechts auf rechts.

7 Jetzt kannst du die Beanie durch die Wendeöffnung wenden und die Öffnung zunähen, sie liegt später innen.

8 Die Kante der Beanie bügeln und dann rund 2 cm umschlagen, wenn du möchtest, kannst du noch einen Patch aufnähen.

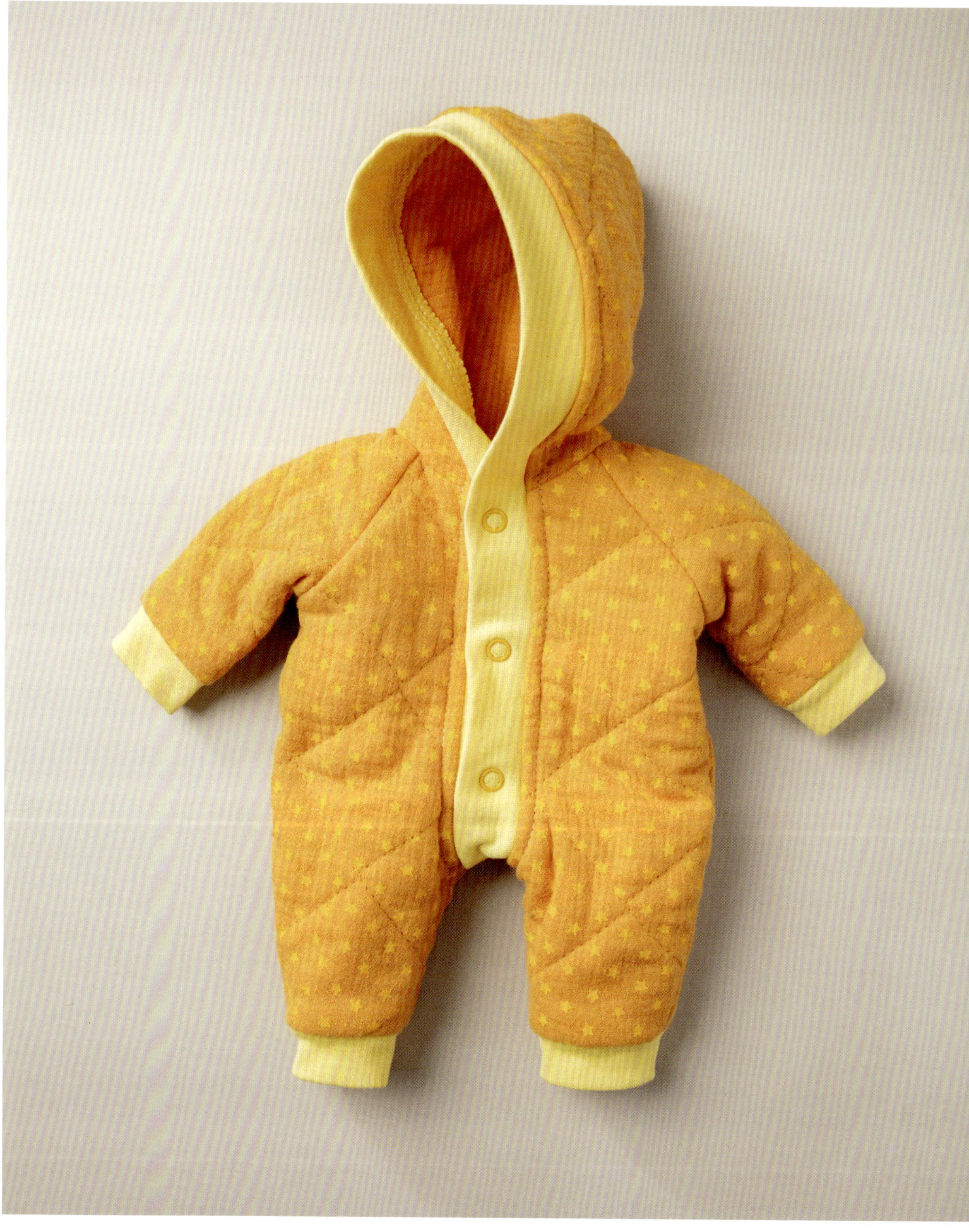

gemütlicher

OVERALL

Der Overall kann nicht nur aus Outdoorstoffen zum Schneeanzug genäht werden, sondern auch aus Jersey oder Sweat zum Schlafanzug, je nachdem was die Puppeneltern gerade benötigen.

MATERIAL

- Als Material eignen sich dickere Stoffe wie Steppstoffe, Walk, Softshell oder Cord, aber auch Sweat und Jersey.
- Etwas Klettband oder Druckknöpfe.
- Etwas Bünchenstoff.

Größe	32-37 cm	38-43	44-48
Stoffverbrauch	28 cm Höhe x 120 cm Breite	34 cm Höhe x 130 cm Breite	44 cm Höhe x 115 cm Breite

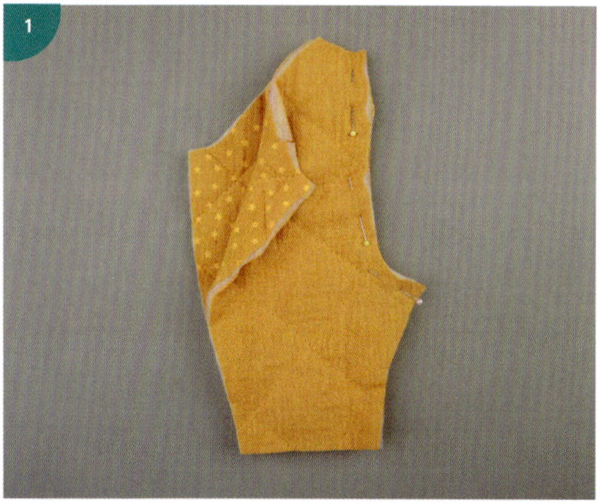

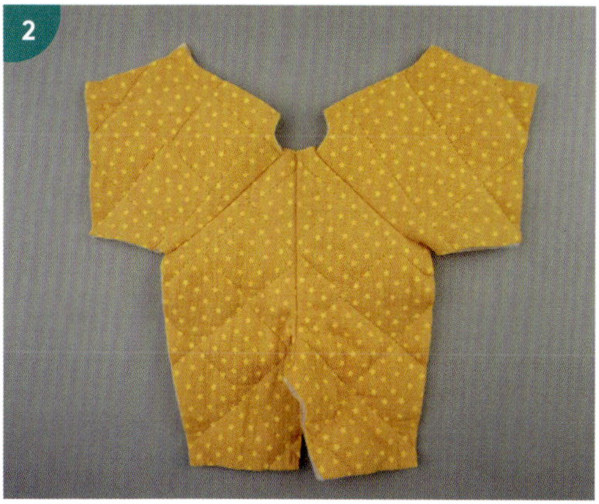

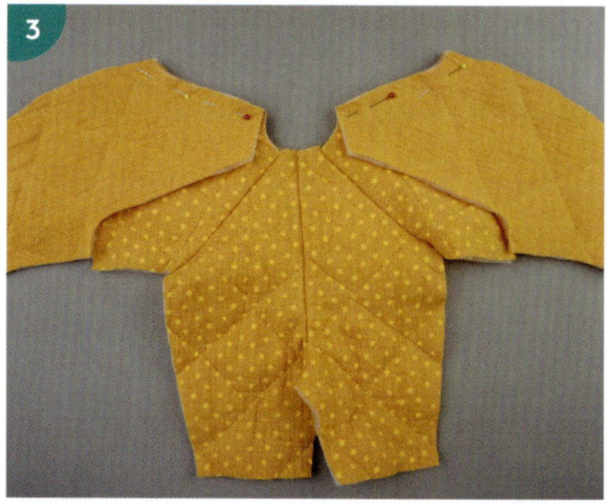

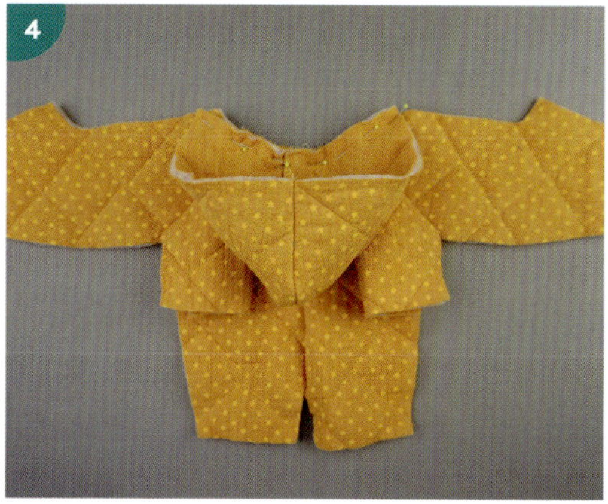

1 Die beiden Rückteile entlang der hinteren Mitte bis zum Schritt (nicht das Bein!) zusammennähen und versäubern. Die Nahtzugabe in eine Richtung bügeln.

2 Die Ärmel rechts auf rechts an den Raglannähten mit den Knipsen zusammenstecken. Zusammennähen, versäubern und die Nahtzugaben zu den Ärmeln bügeln.

3 An die noch offenen Raglannähte der Ärmel rechts auf rechts die Vorderteile stecken, annähen, versäubern und die Nahtzugabe zu den Ärmeln bügeln.

4 Die Kapuzenteile rechts auf rechts an der Rundung zusammennähen und versäubern. Die Kapuze rechts auf rechts ins Halsloch stecken (sie beginnt und endet vorn an der Kante), einnähen. Nahtzugabe versäubern.

5 Die Ärmel- und Knopfleistenbündchen der Länge nach in den Bruch bügeln, so dass die rechte Stoffseite außen liegt. Ärmelbündchen

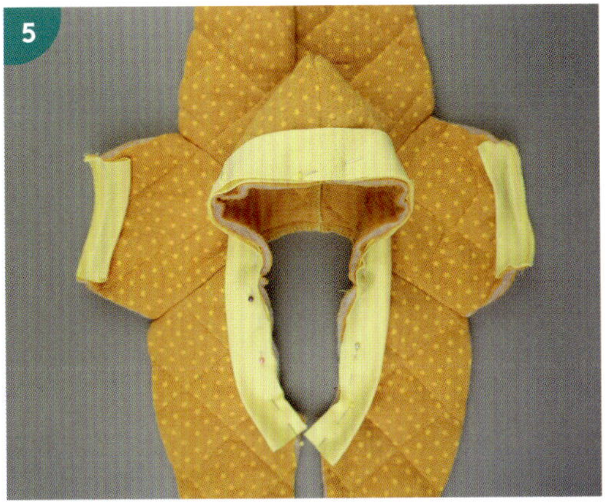

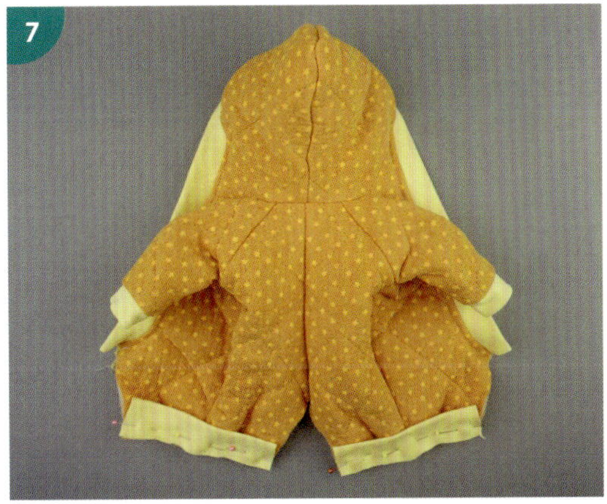

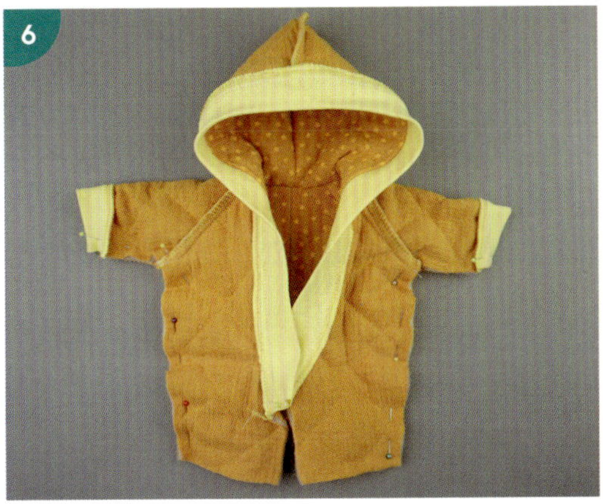

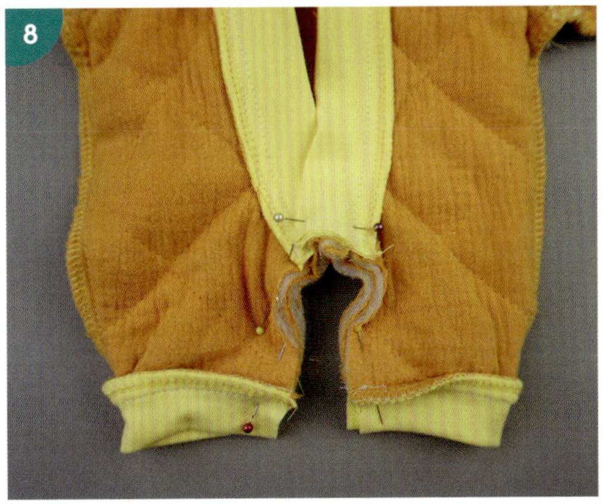

gedehnt an die Ärmelsäume stecken und annähen. Das Knopfleistenbündchen glatt beidseitig an die vorderen Mitten der Vorderteile und gedehnt an die Kapuze stecken. Einnähen, versäubern, die Nahtzugabe absteppen.

6 Vorder- und Rückteil rechts auf rechts legen, Seiten- und Ärmelnähte stecken, zusammennähen, versäubern und zum Rückteil bügeln.

7 Die Saumbündchen werden der Länge nach in den Bruch gebügelt, so dass die rechte Stoffseite außen liegt, und gedehnt an die Beinsäume genäht. Nahtzugabe versäubern.

8 Bevor die innere Beinnaht geschlossen wird, müssen im Schritt die Knopfleisten übereinandergelegt und aufeinandergenäht werden. Die inneren Beinnähte rechts auf rechts zusammennähen und versäubern und den Overall anschließend wenden. Zum Schluss noch 3 Druckknöpfe oder Klettband zum Verschließen an der Knopfleiste anbringen.

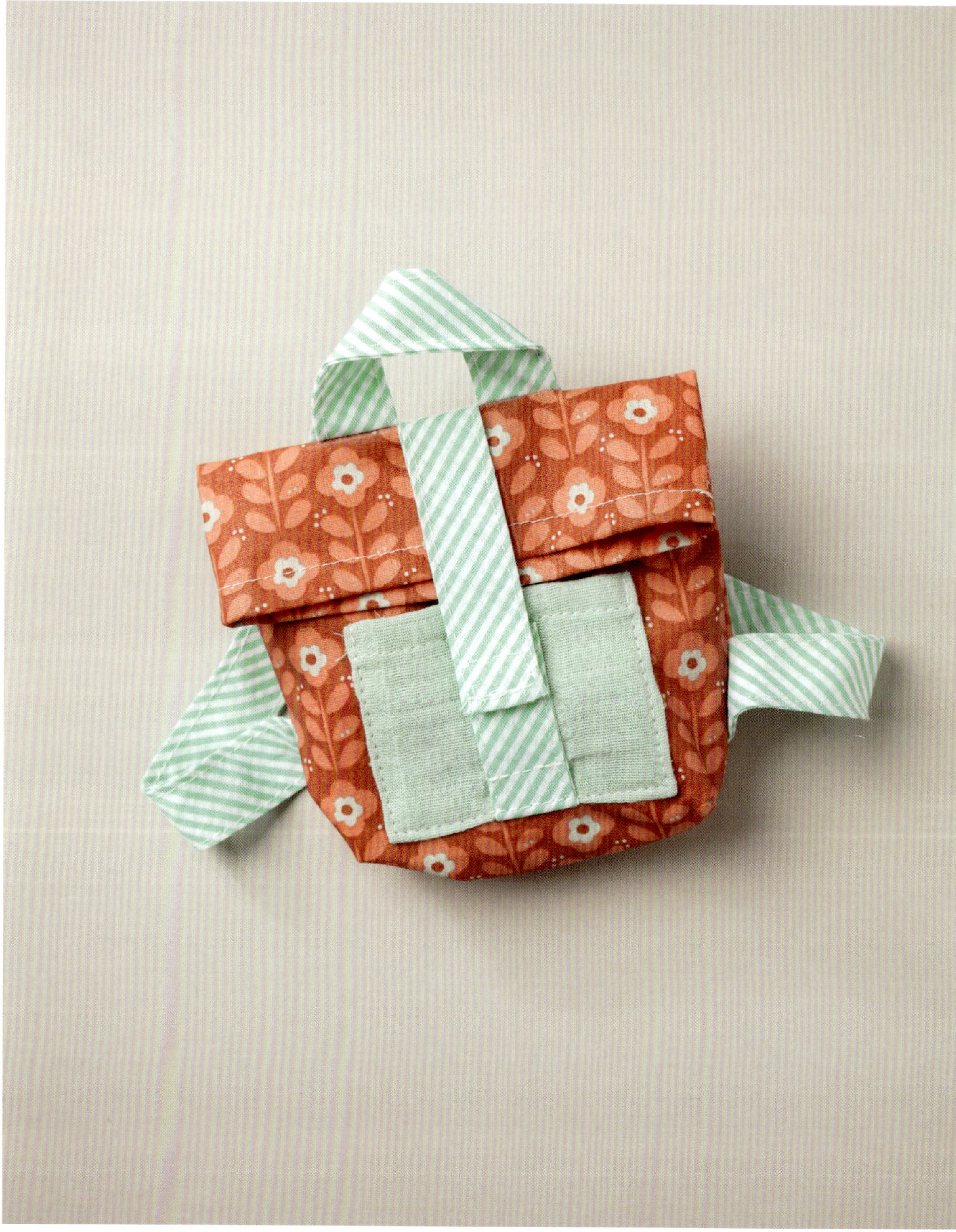

kleiner

RUCKSACK

Kein Outfit ist komplett ohne eine Tasche. Der kleine Rucksack bietet genug Platz für Puppenschnuller oder -flasche und alles, was die kleinen Püppchen sonst noch bei einem Ausflug benötigen.

MATERIAL

- Als Material eignen sich festere gewebte Stoffe wie beschichtete Baumwolle oder Canvas.
- Klettband oder Druckknopf, ggf. kleiner Stoffrest für die Tasche, Bänder, Knöpfe, Zackenlitze etc. zum Verzieren.

Größe	32-37 cm	38-43	44-48
Stoffverbrauch	35 cm Höhe x 13 cm Breite	40 cm Höhe x 15 cm Breite	45 cm Höhe x 16 cm Breite
Webband als Träger 1,5 bis 2 cm breit	45 cm	55 cm	63 cm
Webband als Verschluss 1,5 bis 2 cm breit	6 cm und 9 cm	7 cm und 11 cm	9 cm und 12 cm

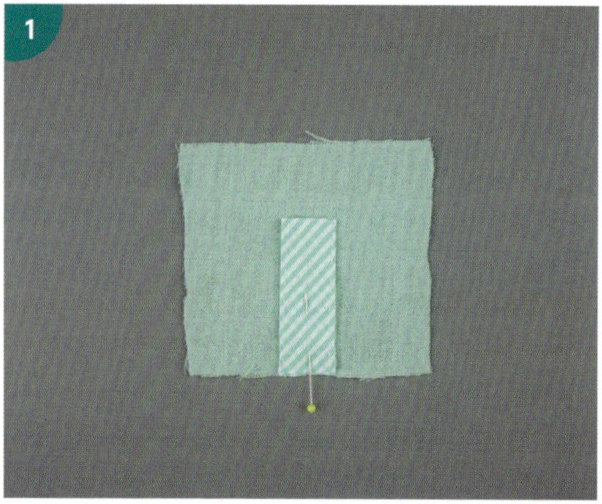

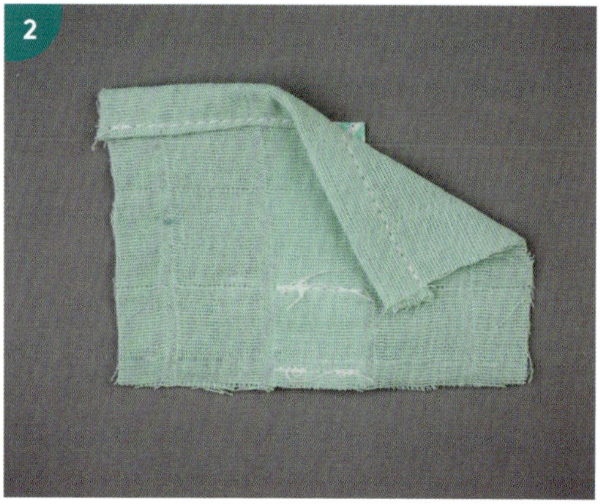

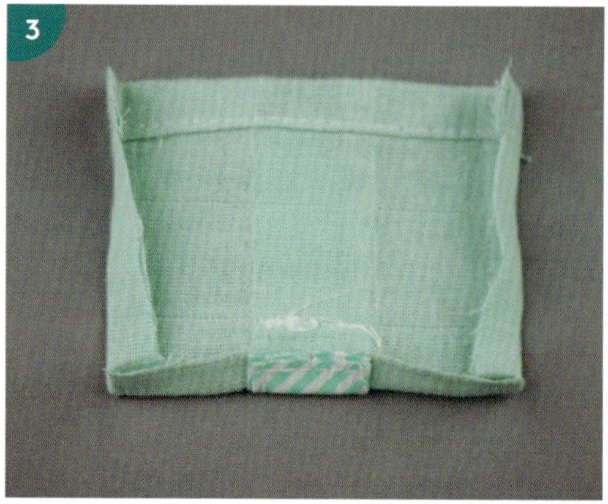

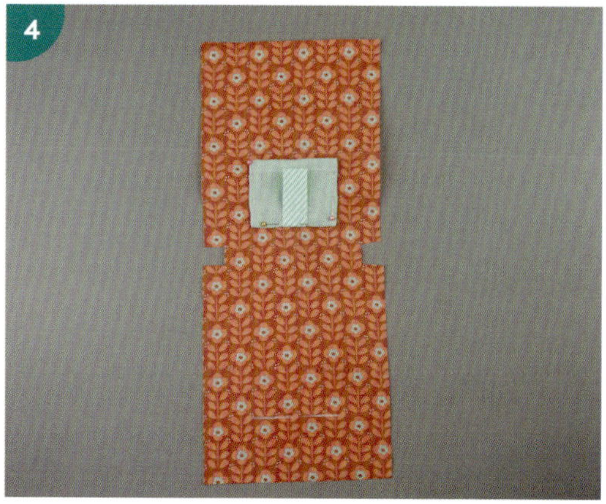

1 Wir beginnen mit der Tasche und dem kürzesten Webbandstück, dieses mittig auf die rechte Stoffseite der Tasche an die untere Kante nähen.

2 Anschließend bügelst du die obere Taschenkante zweimal knappkantig nach links um und steppst sie ab.

3 An den drei anderen Seiten der Tasche wird die Nahtzugabe ebenfalls einmal nach links gebügelt, nur bei sehr fransigen Stoffen musst du die Kanten erst versäubern, meistens ist das aber nicht nötig.

4 Nun kommt die kleine Tasche auf die Vorderteilseite des Rucksacks (dort, wo du nicht die Fold-over-Linie eingezeichnet hast). Die Position kannst du dem Schnitt entnehmen, es kommt nicht auf den Millimeter an.

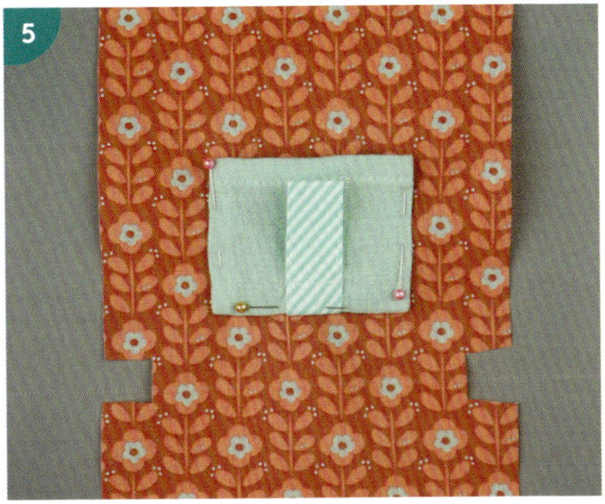

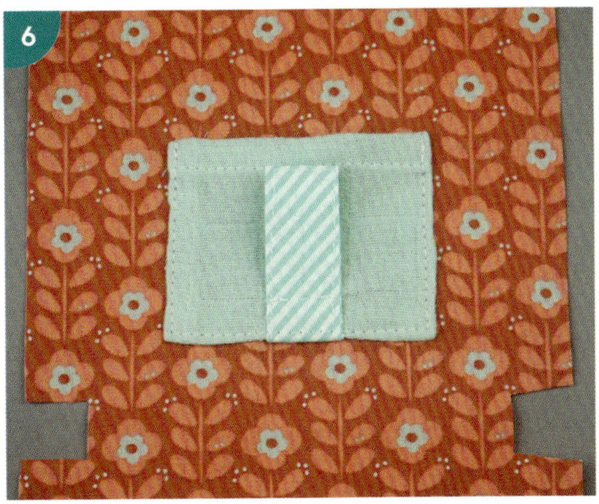

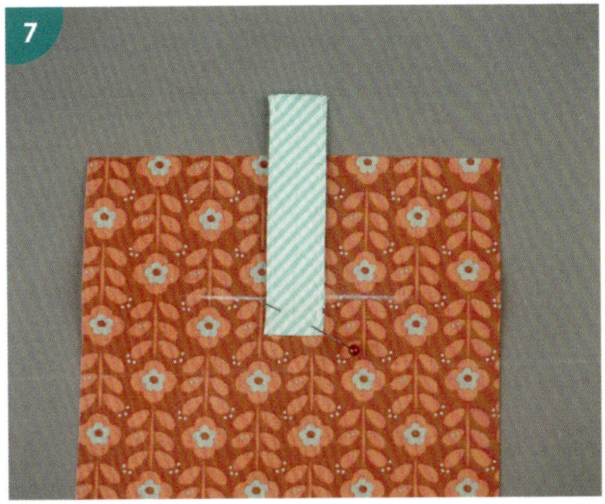

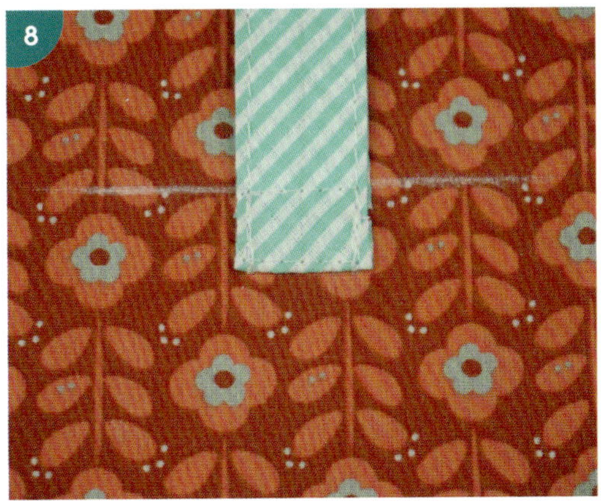

5 An den drei umgebügelten Seiten die Tasche nun links auf rechts auf dem Rucksackvorderteil feststecken.

6 Dann wird knappkantig aufgenäht.

7 Jetzt wird das andere kurze Stück Webband benötigt. Als erstes faltest du ein Ende davon 1 cm nach links um und legst dieses Ende dann unterhalb der Fold-over-Linie mittig an der Markierung an. Das umgefaltete Ende liegt zwischen den Lagen.

8 Das Webband an der Fold-over-Linie und am Ende annähen.

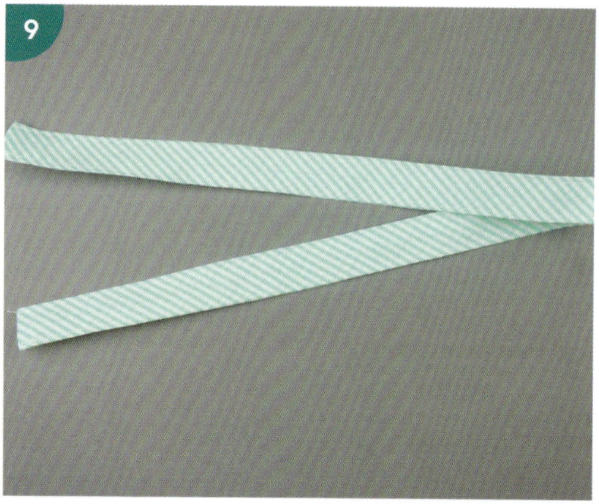

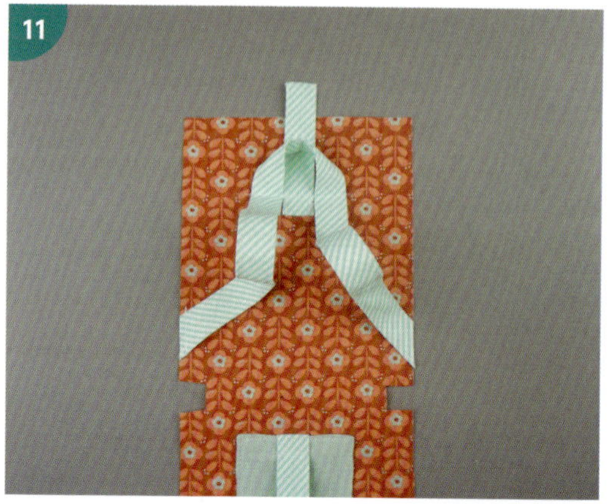

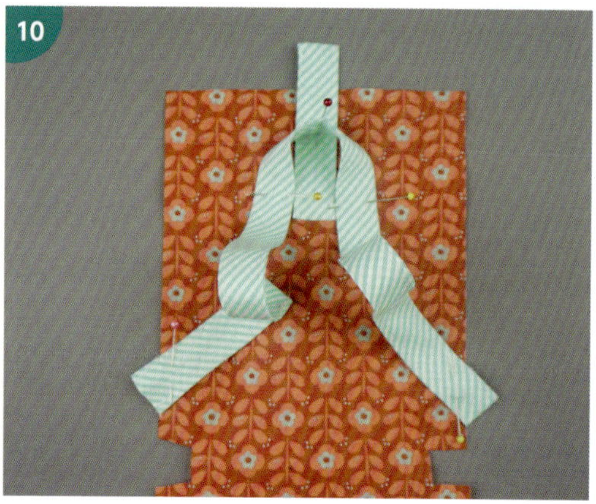

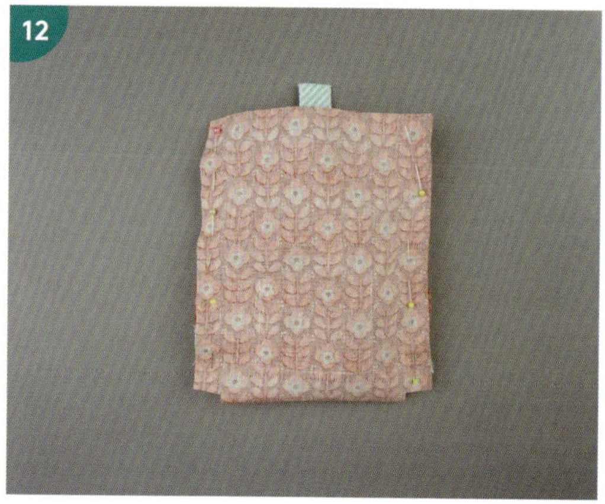

9 Als nächstes wird die Mitte des langen Webbands ermittelt, die du mit einer Nadel markierst. Von der Nadel ausgehend misst du nun in beide Richtungen jeweils 5 cm ab und steckst dort je eine weitere Nadel.

10 Die beiden Nadeln kommen nun auf die Fold-over-Linie, direkt neben das zuletzt angenähte Webband. Nach oben hin entsteht eine Schlaufe, die langen Bänder nach unten werden seitlich im 90°-Winkel an die Seiten mit 1 cm Abstand zur Ecke gesteckt.

11 Das Band entlang der Fold-over-Linie und an den Seiten knappkantig annähen. Was dort an den Seiten übersteht, kannst du einfach abschneiden.

12 Der Rest geht jetzt ganz einfach. Zuerst steckst du die Seitennähte rechts auf rechts aufeinander und nähst sie zusammen. Die Nahtzugabe muss nur bei nicht-beschichteten Stoffen versäubert werden.

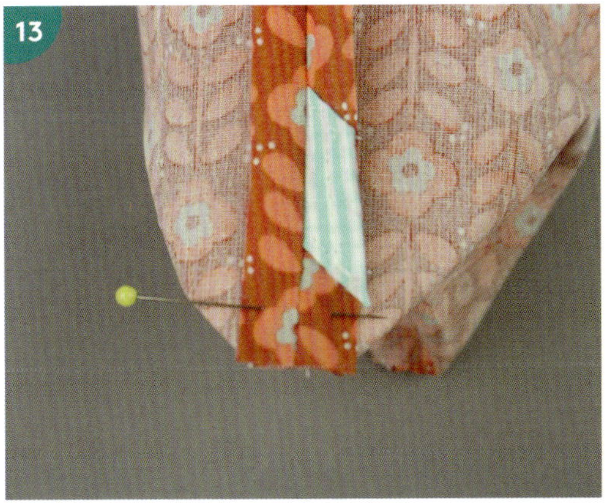

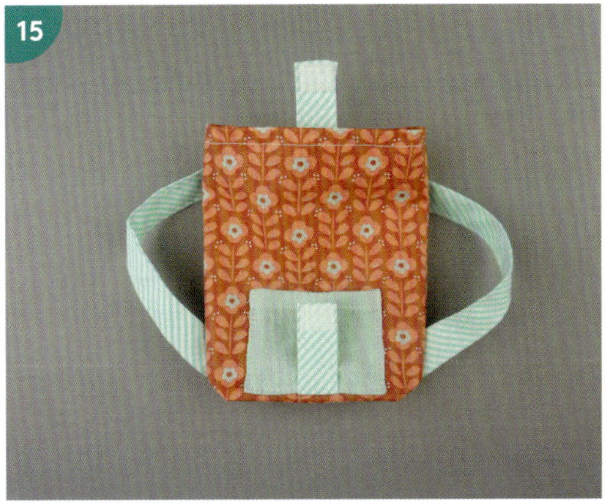

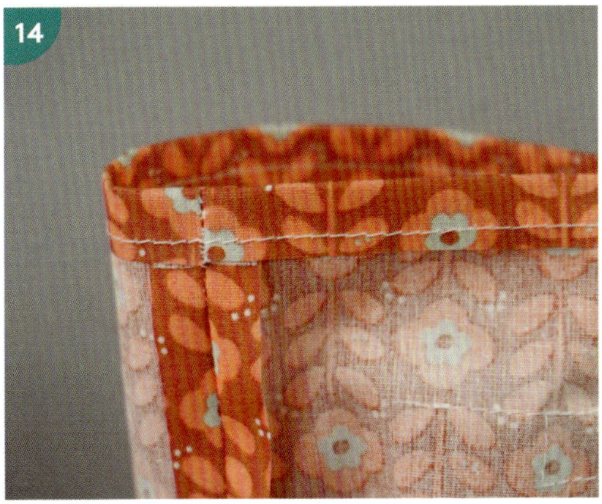

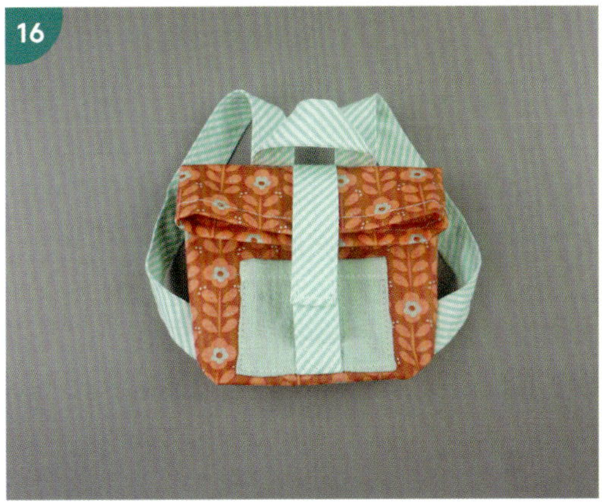

13 Als nächstes faltest du die Ecken aufeinander, wodurch der Rucksack seine Tiefe bekommt, zusammennähen und ggf. versäubern.

14 Jetzt muss noch die obere Kante ggf. versäubert, die Nahtzugabe nach links gebügelt und abgesteppt werden.

15 Zum Schluss nur noch Klettband an die beiden Enden der kurzen Webbandstücke annähen. Dafür die Enden wieder 1 cm umschlagen, so dass sie zwischen Band und Klett liegen.

16 Alternativ kann auch ein Druckknopf angebracht werden.

VITA

Svenja Morbach lebt mit ihrer Familie in Köln. Schon in der Jugend packte sie das Nähfieber, so dass sie nach dem Abitur eine Ausbildung zur Damenmaßschneiderin absolvierte. Um ihr Wissen in Schnitttechnik auszubauen, schloss sie ein Studium der Textil- und Bekleidungstechnik an der HS Niederrhein an, das sie 2015 erfolgreich abschloss. Inspiriert von der eigenen kleinen Tochter und auf der Suche nach praktischen und durchdachten Schnittmustern gründete sie noch während des Studiums das Label "Lotte&Ludwig". Unter diesem Namen gibt es besondere Schnittmuster und Nähanleitungen als E-Books und Papierschnitte für die ganze Familie.

WWW.LOTTEUNDLUDWIG.DE
WWW.FACEBOOK.COM/LOTTEUNDLUDWIG
WWW.INSTAGRAM.COM/LOTTEUNDLUDWIG

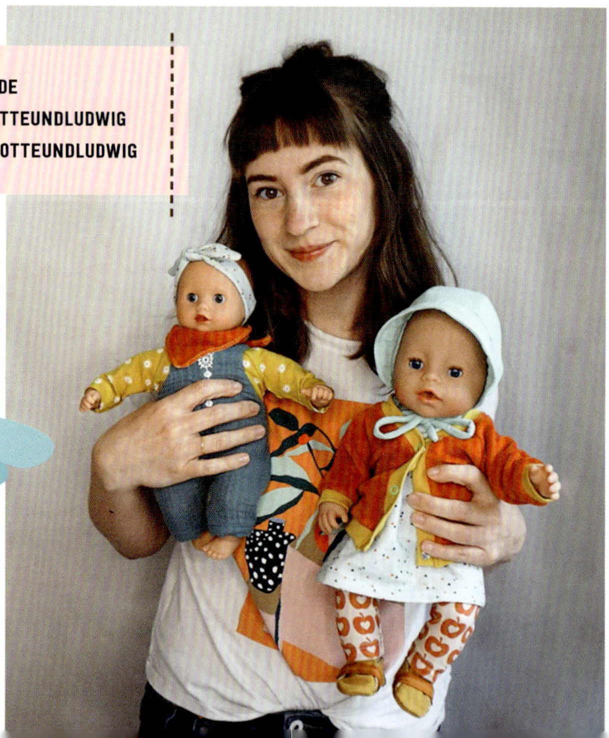

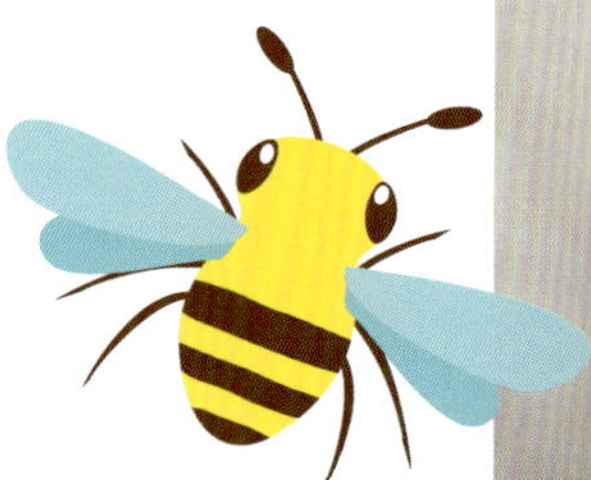

DANKE

Ich danke der Edition Michael Fischer und vor allem Anja für die reibungslose Zusammenarbeit.

Ganz besonders danke ich meinen Probenäherinnen Vera, Maria, Karoline, Anne und Laura für das Testen der Schnitte sowie meiner wundervollen Familie, die für dieses Projekt so viele Stunden mit mir opfern musste. Besonders meiner Mama fürs Korrekturlesen und ihr stets offenes Ohr, und meinen hauseigenen Puppeneltern Martha und Felix, die sich jetzt auch über ganz viel neue Puppenkleidung freuen dürfen. Ich liebe euch!

IMPRESSUM

Bibliografische Information der Deutschen Bibliothek.

Die Deutsche Bibliothek verzeichnet diese Publikation in der Deutschen Nationalbibliografie.

Detaillierte bibliografische Daten sind im Internet über http://www.dnb.de/abrufbar.

Bei Fragen zur Produktsicherheit wenden Sie sich an:

Edition Michael Fischer GmbH
Kistlerhofstr. 70
81379 München

kontakt@emf-verlag.de

EIN BUCH DER EDITION MICHAEL FISCHER

7. Auflage 2026

Covergestaltung und Layout: Zoe Mitterhuber

Aufmacherfotos: SHOT FOTOGRAFIE, Katja Schubert, München

Redaktion und Lektorat: Anja Brinkmann

Anleitungen, Schnittkonstruktion, Grundlagen- und Schrittfotos: Svenja Morbach

Illustrationen: Shutterstock @tn-prints

ISBN 978-3-7459-0638-7

www.emf-verlag.de